T0290338

SERIES QUE ESTÁN CAMBIANDO NUESTRA VIDA

CARMEN ABARCA
MIGUEL CASAMAYOR
JORDI FALGUERA
MERCÈ SARRIAS

SERIES QUE ESTÁN
CAMBIANDO NUESTRA VIDA

MA
NON
TROPPO

MA
NON
TROPPO

© 2015, Carmen Abarca, Miguel Casamayor, Jordi Falguera, Mercè Sarrias

© 2015, Redbook Ediciones, s. l., Barcelona

Diseño de cubierta: Regina Richling

Fotografía de cubierta: Shutterstock

Diseño interior: Regina Richling

ISBN: 978-84-15256-79-3
Depósito legal: B-19.977-2015

Impreso por Sagrafic
Plaza Urquinaona, 14 7ª 3ª, 08010 Barcelona

Impreso en España - *Printed in Spain*

«Hay una dimensión más allá de la que conocemos. Una dimensión vasta como el universo e intemporal como el infinito. Existe entre la luz y la sombra. Entre la ciencia y la superstición. Está entre el abismo y la cúspide de nuestro saber. Es el reino de la imaginación, una zona a la que llamamos [series de] televisión».

The Twilight Zone

ÍNDICE

ABOGADOS

¿JUGAMOS A MÉDICOS?

PAN Y CIRCO

CON DISFRAZ DE ANTIGUOS

LAS CORRUPTELAS DEL PODER

ANDANDO POR EL LADO OSCURO

NEGRO

ULTRATUMBA

INTRODUCCIÓN

Lo de la edad de oro de la televisión nos parece una tontería, ya que siempre se han hecho más series malas que buenas, incluso a día de hoy, pero es verdad que la aparición de la televisión de pago ha abierto una puerta a la experimentación y al riesgo que la televisión generalista, siempre tan conservadora tanto en formatos como en ideología, había cerrado a cal y canto. Caídas del cielo o del pago, han roto esquemas, sorprendido y dejado KO no sólo a la industria televisiva tradicional sino también a la sacrosanta industria cinematográfica, que ha visto como series como *The Wire* o *Los Soprano* eran mucho más interesantes, innovadoras e impactantes que cualquier película del mismo año.

Parecía el momento de hacer un libro sobre series. Pero, ¿Cuáles? ¿Las más populares? ¿Las europeas? ¿Las asiáticas? ¿Las buenas? ¿Qué son series buenas? Buenas, pero no raras. Raras, pero no minoritarias. Minoritarias, pero que las hayan visto al menos... En fin, después os enojaréis igual. No está X. ¿Pero cómo es posible?

He aquí el resultado de una selección, acto o palabra que siempre implica un descarte equivocado o una inclusión polémica. No son todas las que son, pero las que están, creemos que deben estar, porque en su momento rompieron algo, aunque fuera pequeño, respecto a lo que había anteriormente y eso las catapultó al éxito, a ellas y a sus secuelas.

En televisión, la fórmula perfecta es éxito = audiencia = beneficios, pero nosotros nos hemos tomado la libertad de ampliar su significado. Así que éxito aquí significa también repercusión, incluso cuando no han podido ni acabar la primera temporada o cuando se han emitido más de la cuenta.

Son series que han cambiado el panorama de la televisión o han influido en nuestras vidas, porque han conseguido que hablemos de ellas, incluso lejos de la pantalla.

Hay miles y miles de series ¿Cuándo empezamos, ya que el libro es finito y las series infinitas? Hay algunas desde los años cincuenta, como *La isla de Gilligan* o *En los límites de la realidad* (*Twilight Zone*) que han hecho historia y la crítica las sitúa entre las mejores de todos los tiempos. Pero ya nadie se acuerda de ellas, quedan muy lejos de nuestros días, por lo que decidimos escribir de series realizadas a partir de los noventa, con alguna honrosa excepción un poco más antigua. En algún momento teníamos que empezar.

Otras, en cambio, se están produciendo, y el número de temporadas y capítulos emitidos cambiará con el tiempo, pero eran lo bastante importantes como para incluirlas, aunque desconozcamos cuál será su futuro o hasta qué punto habrán impactado.

Hablamos siempre de la televisión del imperio, la de los Estados Unidos, que es la que, para bien o para mal, marca el ritmo para el resto del mundo. Así que tampoco encontraréis series de la televisión nacional, esas las reservamos para otro libro. Ni a nuestras queridísimas series europeas, que cada vez más nos llegan a través de sus adaptaciones norteamericanas (algunas de ellas sí que están incluidas aquí), porque ya hace tiempo que la industria americana giró la cabeza hacia ellas para inspirarse, fagocitarlas y adaptarlas, no fuera que los americanos tuvieran que leer subtítulos o aprender idiomas.

Tenéis en vuestras manos un libro para ojear y para hojear, para compartir y socializar, en la playa o en el parque o en una cena con los amigos. La información que contiene es incluso más útil para ligar que ir a pasear al perro. Garantizado.

COMEDIAS

Nuestras tristes vidas no tendrían sentido sin ellas. Después de un día cansado nada mejor que tumbarse en el sofá o en la cama o donde sea para reírnos un rato. El humor no tiene fronteras, ni límites. Hasta puede hacer llorar.

Con la familia

DOS HOMBRES Y MEDIO
(TWO AND A HALF MEN)

CBS	2003-2015	12 temporadas	262 episodios

Creadores: Chuck Lorre y Lee Aronsohn

Dos hombres y medio es una de las comedias de situación más longevas y exitosas de las últimas décadas. Está protagonizada por los hermanos Harper: Charlie (Charlie Sheen), un músico soltero y supuestamente atractivo que vive como Dios en una casa en la playa de Malibú componiendo jingles y canciones infantiles mientras gasta dinero a espuertas, se droga y se va de putas sin parar, y Alan (Jon Cryer), un quiropráctico fracasado, feo, pobre, algo afeminado y masturbador compulsivo que se muda a casa de su hermano tras su traumático divorcio. El medio en discordia es Jake (Angus T. Jones), el hijo de Alan, un niño de diez años regordete y pedorro que de pequeño parecía inteligente pero que a lo largo de las 12 temporadas involuciona hasta convertirse en un joven idiota y sin porvernir que acaba ingresando en el ejército.

Completan el reparto inicial Berta (Conchata Ferrell), la cínica mujer de la limpieza; Evelyn (Holland Taylor), la madre castradora y cruel de los hermanos Harper que adora a Charlie y aborrece a Alan; Judith (Marin Hinkle), la ex mujer de Alan y madre de Jake, no menos castradora y cruel que su suegra; y Rose (Melanie Lynskey), una extravagante vecina enamorada de Charlie que se dedica a acosarlo.

Dos hermanos y una casa en Malibú

Pero, ¿a qué se debe tanto éxito? Desde luego, no a su planteamiento novedoso; la fórmula de juntar a dos personajes opuestos en un decorado y obligarlos a convivir es seguramente la más explotada de la historia de la *sitcom* mundial. Los dos hermanos (el triunfador sin esfuerzo, el tío con suerte, versus el eterno perdedor que se cree muy listo) funcionan como un reloj. ¿Los actores? Sí, están todos estupendos, incluso Charlie Sheen, sí. Seguramente porque disfruta de un personaje en cierto modo construido o escrito a medida. Es la cara A del disco. Pero no nos engañemos. Esa cara A no funcionaría sin el reverso de la moneda, el personaje de Alan. Capítulo a capítulo su personaje crece, se multiplica y fagocita la serie entera. Todo descansa sobre él. Las frases más despiadadas, la crueldad argumental, las situaciones más grotescas. Y el enorme Jon Cryer, corredor de fondo, aguanta lo que le echen superándose en cada temporada. Eso y los guiones, claro. Veinte minutos de manual donde no sobra ni falta nada. Cada réplica en su sitio, el gag a punto. La dosis de mala leche necesaria según el inconfundible estilo de Chuck Lorre. Y así se consigue el éxito. Amén.

Charlie Sheen o cómo echar una carrera por la borda por pasarse de listo

La carrera de Charlie Sheen no sería lo mismo sin el personaje de Charlie Harper. Y su cuenta bancaria tampoco, ya que en pocos años y gracias al éxito conseguido por la serie, se convirtió en el actor mejor pagado de la historia de la televisión. ¡En sus últimas temporadas llegó a ganar 2 millones de dólares por episodio! Si tenemos en cuenta que grababan 24 capítulos...

Sin embargo sus problemas con las adicciones y sus diferencias con el productor y creador Chuck Lorre (al que insultó públicamente en una entrevista en la radio) provocaron que fuera despedido después de la octava temporada. Charlie Harper murió y su cadáver no fue encontrado nunca. Los seguidores del mundo sufrían en silencio: ¿podría continuar *Dos hombres y medio* sin uno de sus hombres? El reto parecía imposible y la serie parecía tocada de muerte.

Se incorporó al show entonces un nuevo personaje para sustituirlo: Walden (Ashton Kutcher), que daba vida a un joven y atractivo millonario, divorciado, inmaduro e infeliz que busca el amor verdadero. Así hasta el final, emitido en febrero del 2015. Pero no nos engañemos, ya nunca fue lo mismo. ¡Maldito seas, Charlie!

CURIOSIDADES (COSAS QUE DEBERÍAS SABER SI ERES SERIÓFILO)

Si después de ver *Dos hombres y medio* os quedan ganas de soportar más chistes sobre madres crueles, miserias sexuales, mujeres, drogas y gays no os perdáis las otras *sitcoms* co-creadas por Chuck Lorre: *Mom, Mike & Molly* y la exitosa *The Big Bang Theory*.

¿Y QUÉ FUE DE CHARLIE SHEEN?

Tras ser despedido de *Dos hombres y medio*, pasó a protagonizar otra *sitcom, Anger Management,* en la que da vida a un personaje no muy distinto de Charlie Harper. Los guiones contienen algunos dardos envenenados dedicados a su exjefe Chuck Lorre. Y es que Sheen aprovecha cualquier entrevista para insultarlo y amenazarlo. Después del final de la serie le preguntó si se sentía seguro donde vivía. «¿Te sientes seguro, hijo de...?»

Por su parte el actor que interpreta a Jake abandonó la serie a causa de las contradicciones morales que le provocaban sus repentinas creencias cristianas fundamentalistas y su ingreso en la Iglesia Adventista del Séptimo Día y llegó a pedir públicamente a sus fans que dejaran de verla. Por suerte no le hicieron caso.

Apta: para incondicionales de Chuck Lorre, gente con mala leche en general y adictos al humor básico.

No apta: para detractores de Charlie Sheen y alérgicos a la caspa y las risas enlatadas.

FRASIER

| NBC | 1993-2004 | 11 temporadas | 264 episodios |

Creadores: David Angell, Peter Casey, David Lee

En cualquier curso de guión, cuando se habla de personajes de una serie, se suele hablar de equilibrio. Si hay un personaje listo, otro es tonto, si hay un hijo guapo, hay otro feo... Eso parece facilitar los contrastes, provoca conflictos y desata tormentas, que es lo que suele buscar un guionista cuando piensa un proyecto. Pero resulta que una de las comedias de situación más interesantes de todos los tiempos (pasados y futuros, lo podemos apostar) está protagonizada por un psiquiatra ¿Y su hermano mecánico? No, su hermano también es psiquiatra. ¿Pero uno será esnob y el otro normal? Te equivocas. Los dos son esnobs. ¿Pero uno será maduro y el otro infantil? Tampoco. Los dos son infantiles y compiten entre ellos como si tuvieran tres años, aunque se diferencian en una cosa: mientras que Frasier (Kelsey Grammer), nuestro protagonista, es una estrella de la radio local (apunten radio local, no nacional), Nils (David Hyde Pierce), su hermano, es una eminencia psiquiátrica, con un montón de problemas, por cierto, y una mujer, Maris, un personaje tiránico, enfermizo y ausente que el espectador nunca llega a ver.

¿QUÉ HIZO EL PADRE PARA MERECER ESTO?

Además, para completar el extraño cuadro y contraviniendo la idea de que el conjunto protagonista tiene que parecerse a las familias que estan viendo la tele, para que puedan identificarse, Frasier convive con su padre (fantástico John Mahoney), un policía retirado con los pies en el suelo, altamente sorprendido por los resultados de su progenitura: ¿Qué hizo mal? Y Daphne

(Jane Leeves), su cuidadora inglesa que observa la sacrosanta y sacrolimpia sociedad norteamericana con escepticismo y se lleva la mar de bien con el padre. El padre tiene un sofá asqueroso, según la opinión de su hijo, del que no se separa, y un perro, Eddie, con quien se comunica mejor que con él.

Así que a Frasier sólo le queda irle a llorar las penas a su productora en la radio, Roz (Peri Gilpin), un personaje fuerte y decidido, que junto con un par de locutores, que pasan olímpicamente de nuestro protagonista, y las intervenciones radiofónicas de los oyentes que llaman explicando sus problemas, acaban de completar el paisaje.

HUMOR INTELIGENTE

Las trifulcas entre padre e hijo intentando convivir, las aspiraciones «sociales» y esnobs de los dos hermanos, la búsqueda del amor por parte de Frasier, el chocante enamoramiento de Nils por Daphne, la competencia entre los dos hermanos y los problemas en la radio son la base de las historias de *Frasier*. Una serie con un humor inteligente e irónico, con matices, arriesgada, pero al mismo tiempo popular. Un gustazo.

CURIOSIDADES (COSAS QUE DEBERÍAS SABER SI ERES SERIÓFILO)

Lo principal que debes saber sobre *Frasier* es que es un *spin-off* de *Cheers*. Para quien no sepa qué es un *spin-off*, se trata de una serie que surge a partir de un personaje de otra serie. *Cheers*, que no tiene ficha en este libro para no remontarnos tan lejos, es otra de las comedias más populares de la historia de la televisión. Pasaba en un pub de Boston y Frasier era uno de los clientes habituales.

Los creadores de *Frasier* fueron también guionistas de *Cheers*, escribiendo cada uno diez capítulos. Partieron de la idea de que Frasier se separaba, abandonaba Boston y se iba a vivir a Seattle, su ciudad natal. Allí le ofrecían un trabajo en la radio y tenía que ocuparse de su padre, porque justamente en el momento de su llegada, éste tenía un accidente y no podía valerse por sí mismo. Así que el tristón y eterno cliente de Cheers (así se llamaba también el pub) pasó a ser el psiquiatra locutor de radio, ciertamente a veces triste, pero en mejor forma, porque había resuelto el problema que lo mantenía en permanente huida en el pub.

Otras cosas que debes saber son: Lisa Kudrow, la Phoebe de *Friends*, fue candidata al papel de Roz, pero los guionistas, después de algunos ensayos, no lo vieron claro.

Kelsey Grammer ha sido finalista a los Emmy tres veces por el mismo personaje, el Dr. Frasier Cane en tres series diferentes: *Cheers*, *Frasier* y una aparición como invitado en *Wings*, una comedia anterior a *Frasier*, creada también por Angell, Casey y Lee.

Apta: para gente que guste de un humor ácido e irónico, el patetismo en la vida y pensar en por qué los humanos somos tan altamente imperfectos teniendo la oportunidad de ser tan altamente perfectos.
No apta: para tu peor enemigo.

MAD ABOUT YOU

NBC	1992-1999	7 temporadas	164 episodios

Creadores: Paul Reiser, Danny Jacobson

Si fueran contemporáneos, o sea habitantes del 2015 y alrededores, seguramente Paul (Paul Reiser) y Jamie (Helen Hunt) serían *hipsters,* pero corrían los noventa y eran una pareja de recién casados, él director de cine, si puede ser independiente, si puede ser documental, y ella una estresada y activa relaciones públicas, algo metomentodo y superorganizada. Se querían, tenían un perro y vivían en New York, concretamente en Manhattan, barrio donde viven los jóvenes liberales en la ficción hasta *Friends.* Pasados los noventa, y a causa de la crisis y el encarecimiento de los alquileres, los protagonistas jóvenes de las series se trasladan automáticamente a Brooklyn y más tarde a Queens.

Manhattan para los diseñadores y los cineastas

Pero Jamie y Paul, no, aún había lugar en el centro de Nueva York para ellos, y frecuentaban el bar de debajo de su casa, con una camarera convenientemente excéntrica, compraban en tiendas gourmet y leían y comentaban todo lo que vivían con sus amigos, especialmente con Fran (Leila Kenzle), íntima de Jamie, y su antigua jefa, y Mark (Richard Kind), el tranquilo y algo bulímico ginecólogo, siempre de buen rollo. Su casa la frecuentaban también Ira (John Pankow), el primo y amigo de la infancia de Paul, que trabajaba en la ferretería de su padre, esta vez, sí, en Brooklyn, y que se convertiría en su heredero muy a pesar de Paul, y Lisa (Anne Ramsay), la loca y problemática hermana de Jamie. Cuando Lisa intentaba hacerte un favor, seguro que el tiro salía por la culata. Era una fuente de problemas inagotables, fruto, según ella, de su rivalidad con su hermana y una serie de traumas infantiles que usaba a su antojo para chantajear sentimentalmente a Jamie. Ira, en cambio, era tranquilo y algo tristón, más bien discreto y aburrido. Perfecto para acompañar a Paul.

LA SERIE DE LOS URBANITAS

Este cuadro conformaba una de las comedias más premiadas de los noventa, que consiguió retratar una modernidad que vivía para el trabajo y la tranquilidad, que rehusaba tener hijos (hasta la sexta temporada) para vivir a su ritmo y realizarse profesionalmente y que no pedía grandes sobresaltos a la vida. Sólo trabajar en algo que les gustara y disfrutar de ciertos privilegios, tipo tienda gourmet o el visionado de películas en cines minoritarios. Jamie y Paul caían bien, aunque ella fuera demasiado estresante y él demasiado cerrado en sí mismo, no te parecía mal cenar con ellos y compartías sus problemas cotidianos. El resultado era una comedia blanca, inteligente y muy distraída, que arrasó en su momento, en parte por su poca conflictividad y su capacidad de gustar a todo el mundo.

CURIOSIDADES (COSAS QUE DEBERÍAS SABER SI ERES SERIÓFILO)

Helen Hunt ganó tres Globos de Oro y cuatro premios Emmy por la interpretación de Jamie y se consagró como actriz de comedia con esta serie.

Mad About You también consiguió el Globo de Oro a la mejor comedia en 1995.

También realizó algunos «cruces» con otras *sitcoms*. La actriz que interpretaba a la excéntrica camarera del bar de Mad era Lisa Kudrow que hacía de Phoebe en *Friends*. En la ficción, los guionistas de *Friends*, que es posterior, decidieron que eran hermanas gemelas y que no se tragaban. También en un capítulo de *Seinfeld*, Paul, instigado por Jamie, se encontraba con un vecino loco, que resultaba ser Kramer. En otro capítulo, George, el íntimo amigo de *Seinfeld*, se quejaba de que a su novia le gustara la serie, que consideraba un rollazo.

Apta: para gente que disfruta de la vida tranquila.
No apta: para los amantes de las emociones fuertes.

MODERN FAMILY

| NBC | 2009 | 6 temporadas | 144 episodios |

Creadores: Steven Levitan, Christopher Lloyd

Mi abuela no entendía por qué un personaje salía de su casa y a continuación en la secuencia siguiente estaba conduciendo un coche sin haber cerrado la puerta ni haber bajado por las escaleras. Era como si hubiera saltado por la ventana. Así que en los últimos años de su vida se dedicó a ver fútbol, que no sufría la aceleración que tiene la mayoría de la ficción dramática a medida que pasan los años (a las retransmisiones de fútbol les han pasado otras cosas, como la multicámara, pero parece que no son tan mareantes).

Esas familias modernas

No creo tampoco que mi abuela hubiera llegado a entender en profundidad el modelo familiar que propone *Modern Family*: un abuelo, Jay Pritchett (Ed O'Neill) con su segunda mujer, Gloria (Sofía Vergara), una colombiana explosiva, y el hijo de ésta, Manny (Rico Rodríguez), un chico sensible y rechoncho que aspira a ser un *dandy*. Junto a él, la familia de su hija mayor, la neurótica y competitiva Claire (Julie Bowen) y su marido, Phil Dunphy (Ty Burrell), más bien tontorrón, que es agente inmobiliario y le encanta, porque es un tipo francamente feliz si no le complicas la vida. Tienen tres hijos: una chica mona, Haley (Sarah Hyland), siempre metida en líos con los novios, una chica lista, Alex (Ariel Winter), que sólo piensa en estudiar y a quien todos consideran un poco «rollo», y Luke (Nolan Gould) un niño más bien tontorrón, uña y carne con su padre. El clásico que aparece con una judía atascada dentro de la nariz y nadie sabe cómo lo ha hecho. A su lado, la familia del hermano gay, Mitchell (Jesse Tyler Ferguson), un abogado brillante, con su novio Cameron (Eric Stonestreet), hijo de un granjero, apasionado de la música y entrenador de fútbol (sí, las buenas *sitcoms* son originales) y su niña vietnamita adoptada, Lily (Aubrey Anderson-Emmons) mimada y tiránica. La clásica pareja esnob capaz de hacer lo que sea para que su niña entre en la guardería adecuada. Y lo hacen: en un capítulo compiten a muerte con una pareja de lesbianas discapacitadas.

Deprisa, deprisa

Además de récord de personajes fijos en una *sitcom* (comedia de situación), *Modern Family*, también tiene el récord de historias por capítulo. Algunos, hasta tienen seis. Pero lo que la hace más original es la utilización del falso dramático. Entre secuencia y secuencia, los personajes hablan a cámara, a veces a solas y a veces en pareja, intentando explicarse o justificando lo impresentables que son y demostrándonos que no sólo mentimos y manipulamos a los demás, sino que también nos mentimos a nosotros mismos. Un recurso que ha dado mucho juego, además de darle verosimilitud a la propuesta y diferenciarla de las demás.

Modern Family es rápida, ocurrente y divertida. A veces, un poco irregular, pero siempre apetece. Y si *Friends* glorificaba a los amigos, esta consigue glorificar una vez más a la familia, cualquiera, aunque sea diferente, aunque a Phil se le caiga la baba con su suegra, y Claire compita con su hermano, porque quería ser «el niño», y su hermano sea gay. Aunque no la pueda entender mi abuela, pero familia al final. Siempre unida y en un suburbio de alto estanding, por supuesto.

CURIOSIDADES (COSAS QUE DEBERÍAS SABER SI ERES SERIÓFILO)

Los creadores de la serie han explicado que la idea de *Modern Family* surgió en el set de *The Office*. Se contaron historias divertidas sobre sus familiares y decidieron satirizar al respecto en un falso documental.

Se estrenó el 23 de septiembre de 2009 en EEUU (ABC), y su episodio piloto tuvo una audiencia de 12,61 millones de espectadores. La segunda temporada se contrató 15 días después.

Nolan Gould, quien interpreta a Luke (el hijo tontorrón de Claire y Phil) es miembro del colectivo Mensa. Tiene un C.I. de 150. Entró en la Universidad con catorce años.

Apta: para los que creen que la familia es lo primero, que las penas se pasan mejor con pan y que el humor debería ser siempre blanco.

No apta: para los que buscan un producto arriesgado, ácido y provocador. Pero les recordaremos que no siempre se tiene que comer el mismo plato.

MOM

| CBS | 2013+ | 3 temporadas | 56 episodios |

Creadores: Chuck Lorre, Eddie Gorodetsky y Gemma Baker.

Mom narra las aventuras y desventuras de Christy (Anna Faris), una madre soltera exalcohólica, con dos hijos de distinto padre, y su madre, Bonnie (Allison Janney), también exalcohólica, con quien convive. Sus dos hijos, Violet (Sadie Calvano), una futura madre soltera, y Roscoe (Blake Garrett Rosenthal), un niño alérgico y miope, que sobrevive resignado en su poco equilibrado hábitat, son su principal preocupación, junto con sus batallas con Bonnie, su egocéntrica madre, que se ha instalado a vivir con ella, a falta de otro lugar a donde ir.

EL CLUB DE AA

Junto a ellos también se desarrollan las relaciones con su círculo de amigas de alcohólicos anónimos: Jill (Jaimie Pressly), una multimillonaria compradora compulsiva que vive en una especie de castillo con sala de cine incluida; Marjorie (Mimi Kennedy), una solterona guarda gatos que lucha contra un cáncer, un regalo de interpretación de esta veterana actriz; y Regina (Octavia Spencer), una ladrona que se convierte a la religión después de un periodo en prisión y les da la lata con Jesucristo durante el resto de la temporada, con canciones salvadoras y demás.

CHRISTY, LA PACIENTE

La vida no es fácil para Christy, aunque con los años y su lucha permanente por estar sobria, ha conseguido ser consciente de sus defectos, de su baja autoestima y de su poco autocontrol. Sabe que es débil, se deja llevar y utilizar y odia discutir o llevar la contraria, prefiere darle la razón a los otros, aunque intuya que no la tengan. Aun así, consigue mantener a su familia, siempre que las deudas del juego, único vicio en el que recae cuando no le provoquen agujeros en la economía familiar. Trabaja en un restaurante de lujo con un cocinero excéntrico e impresentable y un encargado algo inútil, pero buena persona, de quien Christy es amante, ni ella sabe muy bien por qué, ya que además es el marido de la propietaria y se juega cada día el trabajo con esta estúpida relación. Tampoco entiende cómo se pudo enamorar de su ex marido, Baxter (Matt L. Jones), el padre de Roscoe, más tonto que un zapato y generalmente colgado de marihuana desde *Breaking Bad* (es uno de los dos amigos de Jesse Pinkman). En la segunda temporada sienta la cabeza y se convierte en un hombre normal y muy aburrido con una absurda nueva mujer, con casa y piscina. Ni cómo ha podido perdonar a su padre, el primer novio de Bonnie, a quien dejó embarazada a los diecisiete años, siguiendo la tradición familiar, y que reaparece en sus vidas al cabo de más de dos décadas.

El escenario donde transcurre la serie es el Valle de Napa, conocido centro turístico californiano, donde se crían los mejores vinos de la zona. Allí la cata de vinos es el deporte nacional, excepto para los ex alcohólicos.

ÁCIDA COMO EL LIMÓN

Aunque a priori nos parezca extraño, con este planteamiento, la serie es una fantástica y ácida comedia sobre un grupo de perdedores que hacen lo posible para sobrevivir sabiendo que nunca se van a comer un rosco en esta vida, porque hace tiempo que perdieron la batalla. Acostumbrados a tropezar una y otra vez, no renuncian a pasárselo bien, a enamorarse, a desengañarse, a hacer cualquier cosa por dinero e incluso ayudarse.

El formato es supuestamente de *sitcom*, aunque sus creadores, los veteranísimos Chuck Lorre y Eddie Gorodetsky, juegan a cambiar protagonismos constantemente, introduciendo personajes secundarios de gran calibre durante algunos capítulos y alejándose de la comedia cuando les es conveniente. Tampoco se preocupan de mantener las relaciones sentimentales estables, otra sacrosanta regla de la comedia de situación, de manera que los protagonistas cambian de novio o de amante de capítulo en capítulo, evolucionando hacia otros equilibrios, como la vida misma.

Curiosidades (cosas que deberías saber si eres seriófilo)

La impresionante Allison Janney, a quien pudimos ver también en *El ala oeste de la Casa Blanca*, interpretando a C.J. Gregg, ha sido finalista en los Globos de Oro por su creación de la alocada madre de Christy.

Chuck Lorre, Eddie Gorodetsky y Gemma Baker ya habían trabajado anteriormente juntos en *Dos hombres y medio*, de la que Lorre es creador.

Eddie Gorodetsky fue también productor ejecutivo de *El príncipe de Bel Air*, aquella loca comedia protagonizada por Will Smith, que trastocó la televisión allá por los noventa.

Apta: para quien disfrute riéndose de sus propias debilidades.

No apta: para amantes de la vida *light*.

MUJERES DESESPERADAS
(DESPERATE HOUSEWIVES)

ABC	2004-2012	8 temporadas	180 episodios

Creador: Marc Cherry

«La vida en los suburbios residenciales es letal» he aquí el punto de partida de *Desperate Housewives,* una serie que empieza con una narradora presentando a sus amigas. Bien. El tema narrador no estaba muy de moda (aunque actualmente ha vuelto), así que el punto de partida no parecía muy atractivo, hasta que descubríamos que la narradora era una mujer que se había suicidado en su piscina. Nos estaba hablando una muerta y nos presentaba a sus amigas. Bien. Bueno, amigas. En un barrio residencial, la amistad es un poco desesperada, básicamente por proximidad geográfica, porque el grupo era de lo más dispar, en plan una de cada: Susan Meyer (Teri Hatcher), la artista romántica (en este caso ilustradora, pero al fin y al cabo, artista), despistada y desastre, separada y con una hija llena de alergias; Lynette Scavo (Felicity Huffman), la madre consciente, activa, tres niños hiperactivos, y gran profesional, hasta que decidió renunciar a su carrera para ocuparse de su progenitura, con un marido buen tipo de los que les tienes que decir qué hacer en la vida constantemente; Gabrielle Solis, (Eva Longoria) latina, explosiva, modelo y mujer de un millonario, aunque suspiraba por su jardinero; y Bree van de Kamp (Marcia Cross), el colmo del control: perfeccionista, reina del alto estanding, con dos hijos aparentemente perfectos y un marido ejecutivo. Esto al principio de la serie, porque las cosas más psicóticas le pasan a ella, claro. Ellas vivían en sus fantásticas casas, calle Wisteria Lane, y demostraban que el entorno perfecto tiene más agujeros que un queso gruyère.

COMEDIA Y THRILLER EN UN SOLO PLATO

La serie, con un espíritu un poco David Lynch, mezclaba hábilmente ese prado verde y agradable donde uno vive aburridamente seguro, con la sorpresa que supone encontrar una oreja abandonada en vez de una flor. Historias en clave de comedia (servida por Lynette o Susan), el terror (niños subnormales escondidos en los sótanos a mayor vergüenza de los propietarios de las casas), el misterio (¿les va el sado a mis vecinos o son de mi marido esas esposas?) o el thriller (¿ha cometido el vecino un asesinato? porque hay sangre bajo su alfombra, ¡Lo he visto cuando le he llevado el pastel!), bajo un tono aparentemente naturalista. Un cóctel que funcionaba a las mil maravillas gracias a unos guiones con un gran sentido del humor y a que en un barrio residencial cuando se necesita más madera, siempre se puede traer a un vecino nuevo que esconde algo o a uno buenorro que les alegra la vista a las solitarias y enloquecidas amas de casa.

Hasta ese momento pocas series de televisión habían mezclado tan hábilmente géneros diferentes, hasta el punto de que a veces no sabías si ibas a asistir a una barbacoa dominguera de todo el barrio o si te iban a dar un susto de narices con un psicópata escapado de un sótano, mientras su madre tocaba el piano en un interior perfecto. Todo bajo un sol fantástico y mucha luz, aunque de vez en cuando también había una tormenta.

ESAS TRADUCCIONES

Después de *Mujeres desesperadas*, así se tituló la serie en España, eludiendo el término *housewives* que sería más «ama de casa», nadie más pudo circular por un barrio residencial sin que se le encogiera el corazón pensando qué narices se escondía tras aquella casa perfecta, con un jardín fantástico y un sótano o un altillo lleno de cadáveres, figurados o no. Y en Estados

Unidos nunca, nunca más, nadie se atrevió a llevar un pastel de bienvenida a los nuevos vecinos (bueno esto es mentira, porque la costumbre, tan americana, todavía pervive).

Curiosidades (cosas que deberías saber si eres seriófilo)

Parece que a Marc Cherry se le ocurrió la idea de la serie mientras veía con su madre las noticias sobre una madre que había asesinado a sus cinco hijos.

Marc Cherry había escrito guiones sobre otra gran serie protagonizada por mujeres: *Las chicas de oro*.

La frase de Bree van de Kamp a su hijo cuando éste le dice que es gay es: «Te querría incluso si fueras un asesino». Según el creador de la serie, es lo mismo que le dijo su madre cuando él salió del armario.

Todos los episodios, menos el piloto, llevan por título el nombre de una canción y en la primera temporada todas son de Stephen Sondheim.

> **Apta:** para gente que cree que la vida es drama y comedia y que todo puede tener su misterio, hasta una aburridísima zona residencial en un suburbio americano lleno de césped.
>
> **No apta:** para la gente que odia las barbacoas, el estilo de vida americano y las casas con jardín delante.

Con los amigos

FRIENDS

| NBC | 1994-2004 | 10 temporadas | 237 episodios |

Creadores: David Crane, Marta Kauffman

Nos atrevemos a afirmar que no ha habido en el mundo mundial serie de televisión que haya glorificado más el papel de los amigos en la vida que *Friends*. Con ella, las comedias de situación dejan de tener a la familia como centro y, retratando toda una época, los amigos pasan a formar el núcleo de todas las cosas. Dos apartamentos, uno de chicos y otro de chicas, situados uno frente al otro, en un barrio «guay» de Manhattan, son el centro de la acción. Corrían los noventa y había dinero para que unos jóvenes vivieran en el centro de Nueva York, aunque Monica (Courteney Cox) se apresurara a decir que el apartamento era de su abuela, y se pasaran media vida sin que supieras muy bien en qué trabajaban (algunos, no todos) y pasando el tiempo en el Central Perk, el café de la esquina, con sofá, mesas y camarero surrealista incluido.

HUYENDO DE TU PROPIA BODA

En el primer capítulo, ejemplar en cuanto a presentación de personajes, los amigos están en Central Perk, y Rachel (Jennifer Aniston), la más pija de todas, aparece vestida de novia, escapándose de su boda, porque se ha dado cuenta de que no quería pasar el resto de su vida con un tal Barry. Rachel, amiga de la infancia de Monica, aunque en realidad ni la ha invitado al bodorrio ni se veían desde hace años, se instala en su casa y protagoniza otro de los momentos más divertidos del capítulo cortando con unas tijeras sus tarjetas de crédito y rompiendo con su antigua vida. La maníaca del orden, controladora y competitiva Monica, ha encontrado compañera de piso. Joey (Matt LeBlanc) y Chandler (Matthew Perry), los vecinos de enfrente están contentos, porque Rachel es espectacularmente guapa, en el sentido más *cheerleader* del término. Joey es el aspirante a actor, ligón empedernido, el que menos luces tiene, pero al mismo tiempo el que disfruta más de la vida, porque no le da vueltas a todo, sino que simplemente actúa. Y lo hace también como profesión, teniendo como máximo momento estelar profesional su participación en un culebrón como médico. A su lado, Chandler es un personaje más neutro, el que se gana bien la vida, ejerciendo de algo informático que sus amigos no entienden, en una oficina donde se aburre soberanamente. Es tan normal, porque viene de una familia altamente estrambótica, con un padre, interpretado por Kathleen Turner, que actúa en un show travesti de Las Vegas y una madre enloquecida. O al revés, porque no se sabe nunca quién aparece vestido de mujer. Chandler es el de los comentarios irónicos, pero también es el de los juegos idiotas con Joey. Juntos glorifican la necesidad de disfrutar de la vida viendo *Los vigilantes de la playa* o jugando a absurdeces que les distraen enormemente (y a nosotros también), además de adoptar un pato, entre muchas otras cosas. Completan el sexteto, Ross (David Schwimmer), el hermano de Monica, supuestamente el más intelectual de todos, doctor en paleontología y experto en dinosaurios, que acaba de descubrir que su ex mujer es lesbiana. Aunque parece el más inocente, durante la serie acaba casándose tres veces. Y Phoebe (Lisa Kudrow), un personaje surrealista, cantautora aficionada, masajista de pasado oscuro e infancia difícil, el personaje más iluminado y más oxigenante de todos, que llega a hacer de «madre de alquiler» para los trillizos de su hermano y su novia.

Un éxito sin precedentes

Durante diez temporadas de éxito, *Friends* nos mostró los cientos de dimes y diretes de una generación, el valor de la amistad, la necesidad del colegueo y, finalmente, porque todo llega en la vida, la inevitabilidad de que algunos de los personajes acabaran formando familias. La eterna soltería sólo es apta para una parte de la población y reproducirse, aunque sea para que tu hermano tenga un hijo, o adoptando, porque de todo hubo, es algo natural. Pero queda ahí, repetida hasta la saciedad, y con muchísimas secuelas, *spin-off* y gratos recuerdos para el público que la siguió.

Curiosidades (cosas que deberías saber si eres seriófilo)

Lisa Kudrow interpretaba a la camarera surrealista, Ursula Buffay, en la comedia *Mad About You*. Los guionistas de *Friends* decidieron que Phoebe era su hermana, la bautizaron Phoebbe Buffay y crearon una relación entre las dos comedias. En la serie se llevaban fatal.

Bruce Willis aparece un uno de los episodios de *Friends* y lo hizo gratis, a causa de una apuesta con Matthew Perry.

Otra de las apariciones más famosas fue la Tom Selleck, que tuvo un romance con Monica interpretando al doctor Richard Burke. Originariamente, era amigo de los padres de Monica. Ésta, cuando se enrollaban, le decía: «Yo me he meado en tu piscina».

Joey (Matt Leblanc) protagonizó *Joey*, el único *spin-off* propiamente dicho que dio *Friends*, sobre un actor que se va a vivir a L.A. para probar suerte (es lo que pasa en realidad en el último capítulo de *Friends*). Pero *Joey* no funcionó igual de bien.

Recientemente en la fantástica *Episodes,* otra comedia, esta vez de uno de los creadores de *Friends*, David Crane, recupera a Matt Leblanc, interpretándose a sí mismo como actor que sí que ha triunfado en Hollywood, aunque se encuentra de capa caída.

Apta: para los que creen que la vida es buen rollo y que los amigos son para siempre (panda de ingenuos).

No apta: para los que gustan de un humor más ácido y más irónico. Pero ellos se lo pierden, *Friends* marcó un cambio, y eso SIEMPRE es por algo.

CÓMO CONOCÍ A VUESTRA MADRE
(HOW I MET YOUR MOTHER)

CBS	2007-2015	9 temporadas	208 episodios

Creadores: Carter Bays y Craig Thomas

Después de *Friends*, todo el mundo (cadenas, productores, espectadores) buscaba su sustituta desesperadamente. Empezó la fiebre del oro en televisión. El mundo se volvió loco. *Friends* se había convertido en un fenómeno, algo especial, inigualable, un referente. Y a su sombra cayeron muchas series que se inspiraban en ella. Centenares. Miles. Vale, quizá miles no, pero de entre todos los fracasos (que sí, fueron muchos) una *sitcom* sobrevivió: *How I Met Your Mother* (*HIMYM* para los amigos).

Es lo mismo pero no es lo mismo

HIMYM también cuenta la historia de un grupo de amigos que viven en Manhattan. También hay enamoradizos, parejas que vienen y van, el ligón, juegos de palabras, humor blanco, sensiblería, pisos de alquiler que nadie sabe cómo pagan, Central Park, alguien que trabaja en una empresa y tampoco se sabe de qué y un bar donde parece que viven (y siempre en la mejor mesa). Pero *HIMYM* también aporta algo nuevo: la estructura temporal de los capítulos es atrevida, juega con el tiempo para contar la historia, adelante, atrás, bromas rápidas, cortes, saltos. Puede continuar siendo *Friends*, pero vitaminada y mineralizada. Y todo con un potente gancho que intriga al espectador: ¿quién es la madre?

Cada capítulo se inicia con la voz en *off* de un Ted Mosby mayor (la voz del actor Bob Saget, conocido por *Padres forzosos*) que habla a sus dos hijos sentados en un sofá para contarles su vida amorosa. Sabemos que no nos mostrarán a la madre hasta el final, pero queremos saber más, recopilar las pistas, imaginar. También sabemos que no es una serie de misterio, pero nadie puede negar que este mecanismo da a la serie un halo de intriga atractivo. Por Dios¡¿quién será la madre?!

HIMYM se sustenta en Ted Mosby (Josh Radnor), un arquitecto enamoradizo y sensiblón que busca su media naranja. Quizá es un poco soso, pero sus amigos añaden la salsa que falta: su amiga Robin (Cobie Smulders), periodista canadiense amante de las armas y *ex-star* adolescente en Canadá; Marshall (Jason Segel), el amigo de la universidad, cándido y fiel, y Lily (Alyson Hannigan), de carácter y buen corazón (son la pareja estable de la serie, algo diferente a *Friends,* (¡punto a su favor!); y sobre todo, el inigualable Barney Stinson (Neil Patrick Harris), otro de los personajes memorables de la televisión: playboy trajeado, imaginativo y paranoico. Por algo cobraba más que el resto del reparto. Como él mismo exclamaría en versión original: legen...... dary!

ESTE CHICLE YA NO TIENE GUSTO... ¡PERO MIRA QUÉ GLOBO HAGO CON ÉL!

La serie duró muchas más temporadas de las previstas por los creadores. El éxito la alargó como un chicle y a veces se nota con algunos tramos de relleno (en los que el chicle pierde el gusto y tienes ganas de tirarlo a la basura). Pero en televisión el dinero manda. ¿Y dónde no? Las audiencias siempre fueron regulares y la última temporada fue la mejor con diferencia. El doble capítulo final es el más visto de la serie y el peor valorado por los espectadores. Y es que como toda buena serie, el final fue polémico y hay tantos detractores como admiradores, sin término medio. Pero nadie negará que lograron mantenerse con cierta dignidad. Y sí, el espectador conoce a la madre.

Curiosidades (cosas que deberías saber si eres seriófilo)

Craig Thomas y Carter Bays empezaron a escribir la serie a partir de las experiencias que tuvieron en Nueva York cuando trabajan para el show de David Letterman. Después de fracasar en la *sitcom The Goodwin Games*, acertaron con *HYMYM*. Algo que valoraron fue que el casting no eran actores especialmente conocidos y que, de alguna manera, a la gente le gustaba descubrir a Ted Mosby y sus amigos. Por eso celebran que Jennifer Love Hewitt rechazara el papel de Robyn para protagonizar *Entre fantasmas*. Evidentemente, el éxito de la serie ha lanzado a sus protagonistas definitivamente a la fama, sobre todo a la parte masculina. Josh Radnor ha escrito y dirigido dos comedias románticas llenas de buenas intenciones; Jason Segel también es habitual en el cine (sobre todo junto a Cameron Díaz); y Neil Patrick Harris es básicamente Neil Patrick Harris, actor en musicales de Broadway y el hombre más buscado para presentar galas de premios.

Otro de los ganchos de la serie es la aparición de un montón de actores conocidos y algunos cameos sonados. Atención al padre de Robin Scherbatsky, interpretado por Ray Wise (inolvidable en *Twin Peaks*); la madre de Barney, Frances Conroy (la madre de *A dos metros bajo tierra*); el padre de Lily, el comediante Chris Elliott; los jefes Bob Odenkirk y Bryan Cranston (*Breaking Bad*); o el Capitán, Kyle MacLachlan (otro de *Twin Peaks*). Y más, más, ¡más! También salen Jennifer Lopez, Jennifer Morrison, Laura Prepon, Jorge García, Katie Holmes, Enrique Iglesias, James Van Der Beek, Joe Manganiello, Britney Spears o Katy Perry. ¡Porque a veces *HIMYM* es un festival!

La canción de los créditos iniciales se titula «Hey, Beautiful» y pertenece al grup de pop norteamericano The Solids. No es casual que dos de sus componentes sean los creadores de la serie.

Apta: quien busque pasarlo bien con unos tipos entrañables; sensibleros con sentido del humor; los que busquen una buena *sitcom*.

No apta: los que piensen que después de *Friends* el mundo de las *sitcoms* se hundió para siempre; los que se indignen al final de cada capítulo porque no han conocido a la madre.

SEINFELD

NBC	1989-1998	9 temporadas	180 episodios

Creadores: Larry David y Jerry Seinfeld

Con 10 Emmys y 3 Globos de Oro, la multipremiada *Seinfeld* es una de las grandes *sitcoms* de la historia y, atención, ¡la serie más rentable de la televisión! Cuenta la vida diaria (y ficticia) del propio Jerry Seinfeld (un comediante de *stand up*) y sus amigos en Manhattan.

SEINFELD, EL TODO O LA NADA

A priori no parece el argumento más original ni sensacional del mundo, pero su particular observación de lo cotidiano, llevado hasta lo absurdo, la parodia o la exageración, la convierten en un divertido y sano ejercicio de reflexión sobre la realidad urbana de finales del siglo XX. Ya, ya... ¿pero de qué va? Como ellos dicen en la cuarta temporada (cuando los protagonistas preparan una serie sobre ellos mismos, como en la vida real), es una serie sobre la NADA. ¿Y eso qué quiere decir? Pues que va de TODO. Se puede hablar, reflexionar y burlarse de todo.

SOLO PARA ADULTOS

A diferencia de otras comedias hasta entonces, *Seinfeld* se basó en una premisa: no tendría abrazos entre sus protagonistas (*no hugging*). Eso quería decir que no buscaban situaciones enternecedoras ni los personajes aprenderían ninguna lección al final del capítulo. De esta manera se alejaba de series de tono más familiar en las que el objetivo es la lección moral (otra cosa es que en los carteles publicitarios salieran abrazados).

En *Seinfeld* los protagonistas también parten de situaciones cotidianas (en las que el espectador puede verse reflejado), pero su desarrollo es imprevisible y sorprendente, ya que lo que interesa es reflexionar y bromear sobre trivialidades o temas espinosos (como la homosexualidad o el antisemitismo, por ejemplo), sacar punta de las convenciones sociales, llevar hasta el límite lo absurdo del comportamiento humano.

Se dice que, por primera vez, había una serie que hablaba de cosas de adultos para adultos. Y de qué manera. En uno de sus episodios más famosos, titulado *The Contest*, George dice que su madre lo ha pillado. Los otros le preguntan qué estaba haciendo, él contesta que estaba solo... con Glamour, una revista de moda, y que su madre ha sufrido un shock y que está ingresada en el hospital. Se sobreentiende que se estaba masturbando. Asegura que no lo hará nunca más. *Seinfeld* dice que eso es imposible y propone una apuesta: el que tarde más en hacerlo ganará 100 dólares. La emisión del capítulo fue polémica porque a la NBC no le gustaba la temática, y menos en *prime time*. ¿A quién se le ocurre!? Pero una de las gracias residía en que la palabra masturbación no se pronunciaba en ningún momento, todo eran eufemismos que la audiencia, claro, entendía en seguida. En las listas de mejores capítulos de *Seinfeld*, *The Contest* siempre aparece en los primeros lugares y en 1993 Larry David recibió el Emmy al mejor guión por ello.

Basado en hechos reales (o no)

Pero las tramas de (basadas en experiencias reales de los creadores) se sustentaban en otro pilar básico: cuatro carismáticos personajes también inspirados en personas reales. Hablamos de Jerry Seinfeld (intepretándose a sí mismo), el ávido y maníático monologuista que saca punta a todo lo que pasa por su vida, desde una novia hasta la etiqueta de unos cereales; Elaine Benes (Julia Louis-Dreyfus), exnovia de Jerry, inteligente y ajetreada, paradigma de la mujer que sobrevive en una gran ciudad y busca su media naranja a pesar de que ella misma dice que odia a los hombres; Kramer (Michael Richards), el excéntrico vecino de alocadas y geniales ideas (famosas se hicieron sus entradas en el apartamento de Seinfeld, pura comedia física); y George Costanza (Jason Alexander), uno de los personajes legendarios de la televisión: mentiroso compulsivo, tacaño y egoísta, e inspirado en el otro creador de la serie, Larry David. Pero en 1998 Michael Constanza, un antiguo compañero de Seinfeld, lo denunció. Decía que George era igual de calvo y corpulento que él. Y que también había estudiado en el mismo instituto que Seinfeld, como en la serie. Pidió 100 millones de dólares por haber dañado su reputación. La justicia desestimó el caso.

En la serie también destacan algunos secundarios, como los padres de Costanza (el padre lo interpreta Jerry Stiller, padre de Ben Stiller) o el cartero Newman, vecino y archienemigo de Seinfeld, algo casi inevitable ya que Seinfeld es un gran fan de Superman y todo héroe necesita su contrario. Dicen que en la serie aparece una referencia a Superman en cada capítulo y esta afirmación es... mentira.

MÁS ALLÁ DE *SEINFELD*

Larry David continuó el espíritu de *Seinfeld* con *Curb Your Enthusiasm* (HBO), una serie también imprescindible en la que se interpreta a sí mismo. En ella ahonda aún más en las paradojas y lo absurdo de la existencia humana, y hasta consigue que se realice un último capítulo de *Seinfeld* que reúne a todo el elenco, algo que en la realidad no se ha conseguido nunca (a pesar que la NBC ofreció más de 100 millones de dólares para que sucediera y que Seinfeld rechazó, un auténtico récord Guinness). Seguramente una de las razones es la que hemos comentado al principio: se estima que Seinfeld había facturado en 2013 y solo con reposiciones, unos 3.000 millones de dólares (no se cuentan las ventas de dvds). En 2014 Jerry Seinfeld era el actor más rico del mundo. Y ya en 2015, la plataforma Hulu ha comprado los derechos de *streaming* por unos 180 millones de dólares. Y eso que la serie iba sobre la nada.

Apta: para todo aquel que quiera algo más en una comedia, segundas lecturas, juegos de palabras, mala leche, ironía, estructuras redondas e ingeniosas y frases para la historia.

No apta: para quien necesite un abrazo a lo *Modern Family* o *Friends*, o crea que no puede bromearse sobre ciertos temas.

THE BIG BANG THEORY

| CBS | 2009+ | 8 temporadas | 175 episodios |

Creadores: Chuck Lorre y Bill Prady

The Big Bang Theory narra en clave de *sitcom* las aventuras y desventuras de un grupo de amigos científicos, superdotados, *nerds* y con poca capacidad de relacionarse socialmente. Los protagonistas, grandes lectores de cómics, amantes de la ciencia ficción y de los superhéroes, aunque éstos nunca acudieran a ayudarles cuando los maltrataban en la escuela, lidian con la vida como pueden, más bien mal, pero con mucho humor, ya que la cosa va de comedia. Les acompaña Penny (Kaley Cuoco), como contrapunto, la vecina guapa, sin muchas luces intelectuales, pero gran sabiduría social (vamos, que es normal), aspirante a actriz y eternamente en paro.

LA BANDA DE LOS QUE RECIBÍAN EN EL COLE

La banda de amigos está liderada en su frikismo por el más raro y antipático de todos: Sheldon Cooper (Jim Parsons), un científico egoísta, excéntrico, maniático, hipocondríaco, con varias fobias diganosticadas, que cuando tiene insomnio sólo puede dormirse oyendo una nana sobre gatitos que le cantaba su madre. A su lado, y con una paciencia infinita, Leonard (Johnny Galecki), el personaje más neutro, un científico no muy brillante, que siempre canaliza las acciones de los otros y que en este caso, para compensar, se queda con la chica, pasándose varias temporadas flipando por haberlo conseguido. Para cerrar el cuadrilátero masculino, que de eso se trata, Howard (Simon Helberg) un judío, bajito y feote, con una madre hiperposesiva de quien sólo conocemos la voz. Amante de la ropa superhortera y obseso sexual, a veces parece salido de una peli española de los sesenta. Y un hindú,

Rajesh (Kunal Nayyar), hijo de ginecólogos millonarios, que es incapaz de hablar con una chica si no ha bebido alcohol previamente. Howard y Rajesh, aunque aparentemente heterosexuales, mantienen una extraña relación de pareja. El humor políticamente incorrecto está servido.

UN ÉXITO SUPERFRIKI

Seguramente el éxito de la apuesta, que era aparentemente arriesgada por la originalidad de los personajes (¿Quién empatiza con una banda tan friki?), pilló a los guionistas un poco por sorpresa. Cuando vieron que la cosa iba para largo, decidieron tomar medidas. Para tener más juego en la cancha, dieron un salto mortal en la segunda temporada. Se atrevieron a romper una de las normas de la *sitcom* clásica, que recomienda no cambiar el equilibrio de personajes ni sus relaciones e introdujeron dos personajes fijos más: Bernadette (Melissa Rauch), novia y (posteriormente más) de Howard, aparentemente una rubia simpática con un toque hitleriano que, a veces, parece una copia de la madre de Howard, y Amy Farrah Fowler (Mayim Bialik, Blossom), una científica que estudia el comportamiento de los simios y conoce a Sheldon a través de una web de citas. Así al cuadrilátero masculino se le añadió un triunvirato femenino y la operación fue completa. Un éxito.

CURIOSIDADES (COSAS QUE DEBERÍAS SABER SI ERES SERIÓFILO)

Los protagonistas de la serie, como buenos seriófilos, a menudo «reivindican» sus series preferidas, algunas de ellas suspendidas por falta de audiencia, pero veneradas por sus fans. Una de las más citadas es *Firefly* (ver ficha en este libro).

Stephen Hawking en persona ha aparecido en varios capítulos. En uno de ellos, comentado un artículo de Sheldon Cooper y dejándolo por los suelos.

Dos personajes de la serie se casaron en el tejado de un edificio, justo cuando el satélite de Google pasaba por encima. Su boda quedó inmortalizada para siempre en Google Maps.

Chuck Lorre, co-creador de la serie, además de productor, es uno de los creadores de comedia más reconocidos de la televisión estadounidense. Además de guionista de *Roseanne,* es también el creador de *Dos hombres y medio,* otra de las comedias de más éxito de los últimos tiempos (ver ficha en este libro), y de *Mom* (ver fichas en este libro también), entre otras. Su humor siempre es atrevido e irreverente y altamente dañino para la salud de los más convencionales. Al final de cada capítulo, en todas sus producciones, escribe un texto filosofando sobre el mundo y la vida. Pero si no eres un as de la lectura rápida, no conseguirás entender qué dice a tiempo, a no ser que lo grabes y congeles la imagen.

Apta: para todo el mundo, porque unas risas «científicas» nunca hacen daño a nadie, a menos que odies las risas en lata.
No apta: para quienes piensan que *Star Trek* no es una buena película, odien el Halo, no les guste *Superman*, el *Señor de los anillos* o *La Guerra de las Galaxias.*

En el trabajo

EL SÉQUITO (ENTOURAGE)

| HBO | 2004-2011 | 8 temporadas | 96 episodios |

Creador: Doug Ellin

No solo los Grimm viven del cuento

Esta es la serie cuya premisa recoge un viejo sueño juvenil: uno de tus colegas se hace millonario y todos los de la banda viven a su costa. Vincent Chase (Adrian Grenier) acaba de triunfar en Hollywood y sus amigos de Nueva York deciden irse a vivir con él y de él. Son tres: su hermano Johnny Drama Chase (Kevin Dillon), un ex famoso que triunfó hace años con una serie llamada *Viking Quest* y que se gana la vida, vestido de vikingo, en ferias del cómic y cosas así, Eric «E» Murphy (Kevin Connolly), Tortuga (Jerry Ferrara). El agente de Vincent que es Ari Gold (Jeremy Piven), un elemento capaz de lo peor y lo mejor para conseguir lo que se propone. Es el gran descubrimiento de la serie y el ganador del Emmy al mejor actor secundario de comedia, durante tres años consecutivos, mientras que Kevin Dillon, otro gran acierto, fue tres años finalista, pero no pilló ni uno. Ya veremos si su hermano Matt gana algo con *Wayward Pines*.

Más estrellas que en el cielo

Y si haces una serie sobre una celebridad de Hollywood, esperas que aparezcan todos los ricos y famosos que existen en ese mundo. En una fiesta, en un estreno o porque es un tópico creer que los famosos solo ven a famosos. Ellos confirman el tópico y la serie gana credibilidad cuando empiezan a pasearse por esos sets una enorme cantidad de estrellas invitadas, interpretándose a ellos mismos. Directores como Gus Van Sant, Scorsese, James Cameron o Peter Jackson, actores como Ralph Macchio (el de *Karate Kid*) y Larry David (*Seinfeld*), músicos como Eminem y U2, deportistas como Lebron James y Mike Tyson, personalidades como el dueño de *Playboy*, Hugh Heffner, guionistas como Aaron Sorkin, y un larguísimo etcétera... Hasta la actriz porno Sasha Grey interpreta el papel de novia de Vincent Chase. Y para rematar aparece la hija de *Los Soprano* (Jamie-Lynn Sigler) manteniendo un *affaire* con Tortuga. La metabomba.

LA DURA VIDA DEL ACTOR O MÁS CORNADAS DA EL HAMBRE

¿Y qué puede hacer un jovencito millonario que trabaja dos o tres meses al año, con suerte, y que lo único que tiene que hacer es leer guiones? Espera, resulta que ese es el trabajo de su amigo Eric Bueno. Vincent podría dedicarse a mejorar aspectos de su actuación o a aprender, por fin, a tocar el piano o a sacarse el título de piloto de aviación, como Travolta o Cruise. Se pueden hacer tantas cosas cuando tienes tiempo y dinero... O no. Pues parece que no. Vincent Chase y sus amigos están concentrados intensamente en irse todos los días de fiesta: sexo, droga y rockandroll. Y Vincent es tan guapo y tan buen chico que no puede ligar más, porque sólo tiene un pene, pero aún así, «el cejas» no ceja. Y hay tantas chicas a su alrededor, que hasta sus amigos ligan.

No es tan fácil vivir en una montaña rusa. Porque los actores tanto triunfan como fracasan. Arriba y abajo, y no hablamos de la serie inglesa. Vincent y sus amigos deben agarrarse fuerte, porque una mala elección y adiós. De eso depende el flujo del dinero y la vida loca. Ahora estoy en la cresta de la ola, ahora me como la tabla de surf.

La serie está basada en la vida del actor, cantante y productor Mark Walhberg y sus colegas, pero en plan *light*. Sin delincuencia ni violencia. Y así el personaje de Eric, sería en realidad el productor Eric Weinstein, Tortuga, su primo, y Ari Gold está basado en su propio agente Ari Emanuel. Pero en ningún sitio dicen que está basada en hechos reales.

Apta: para mitómanos y descreídos, para fans e idólatras.
No apta: para actores en paro e iconoclastas.

PARKS AND RECREATION

NBC	2009-2015	7 temporadas	125 episodios

Creador: Greg Daniels y Michael Schur

Parks and Recreation es una comedia sobre Leslie Knope (Amy Poehler), una infatigable y optimista funcionaria del departamento de parques de un pueblo ficticio llamado Pawnee, en Indiana, que tiene un objetivo claro: hacer del mundo un lugar mejor.

¡HAN COPIADO A *THE OFFICE*, HAN COPIADO A *THE OFFICE*!

Lo has pillado. Sí, se parece mucho a la serie protagonizada por Steve Carrell, el *remake* americano de la original inglesa creada por Ricky Gervais y Stephen Merchant. Pero es que al principio *Parks and Recreation* tenía que ser un *spin-off* de *The Office* que la NBC encargó a Daniels y Schur, que ya trabajaban en esa serie. El problema es que nunca estuvieron seguros de qué personaje era el ideal para hacer un *spin-off* y decidieron que, manteniendo el mismo estilo formal, harían algo un poco diferente. Basándose vagamente en la trama política de *The Wire* (burocracia infinita, caraduras, chapuceros), los creadores aseguran que decidieron cómo sería la protagonista después de saber que Amy Poehler la encarnaría. Y es que los dos, que habían escrito para *Saturday Night Live* (SNL), eran fans de la actriz por su trabajo en ese programa.

AMY POEHLER

Parks and Recreation es Leslie Knope. Sin ella, la serie no existiría. Sí, hay personajes buenos como Tom Haverford (Aziz Ansari), o memorables como Ron Swanson (Nick Offerman), pero sin Amy Poehler ninguno resistiría un papel protagonista. Poehler es una joven veterana de la comedia bregada en el SNL, donde fue reclutada por su amiga del alma, otra de las reinas de la televisión, Tina Fey. Las dos se habían conocido en 1993, en Chicago, durante un curso de teatro, y desde entonces siempre han mantenido relación. En los premios Emmy también coinciden, pero mientras Fey ha sido fianlista 33 veces y ha ganado 8, Poehler ha sido finalista 12 y no ha ganado ninguno. Injusto. La relación de Amy Poehler con otros comediantes no termina aquí, obviamente. Otro de sus amigos es Louis C.K. (Louie), que intervino en algunos capítulos de *Parks and Recreation*. Era un policía buenazo que tenía que haber sido interpretado por un actor guaperas. Pero Poehler no quiso. A cambio ella también hizo un cameo en Louie haciendo de hermana del protagonista en el último capítulo de la tercera temporada. Hablaban por teléfono. Pero la relación más importante de Poehler con la comedia es la de su marido, el prolífico actor Will Arnett (*Arrested Development, 30 Rock*). Tienen dos hijos y dicen que están a punto de divorciarse.

ESTA SERIE ES UN FRACASO

Después de una primera temporada corta (solo seis capítulos), la serie no fue muy bien recibida. Los pases previos y los espectadores dictaminaron que Leslie Knope no parecía ingenua, era tonta. A partir de la segunda temporada, tanto crítica como espectadores se pusieron de acuerdo en que no podríamos vivir sin el desbordante optimismo y la ternura de Leslie Knope. Pero *Parks and Recreation* nunca ha tenido buenas audiencias. Muchos se preguntan por qué logró llegar a siete temporadas.

MOCKUMENTARY

Esta palabra tan rara que une los dos términos ingleses *mock* (burla, parodia) y *documentary* (documental), sirve para denominar un estilo de realización que imita los documentales. *Parks and Recreation* o *The Office* son una variante en la que los protagonistas a veces también miran a cámara o se insertan entrevistas para dar más la sensación de reportaje. El término mockumentary se atribuye a Rob Reiner, a raíz de su película *This Is Spinal Tap*, un falso documental sobre una banda de heavy.

CURIOSIDADES (COSAS QUE DEBERÍAS SABER SI ERES SERIÓFILO)

Greg Daniels, bregado en la comedia (*The Simpsons, The King of the Hill, SNL*), fichó a Michael Schur cuando leyó un *spec* de *Curb Your Enthusiasm* que éste escribió (*spec* es un capítulo inventado de una serie conocida que se escribe para conseguir trabajo en ella). Después, Schur, junto con Daniel J.Goor (otro guionista de *Parks and Recreation*s) crearon la exitosa *Brooklyn Nine-Nine* con la que ganó el Globo de Oro en 2014.

> **Apta:** seguidores de *The Office*, esta serie es de las vuestras.
> **No apta:** para los que odian *The Office*, esta serie no es de las vuestras.

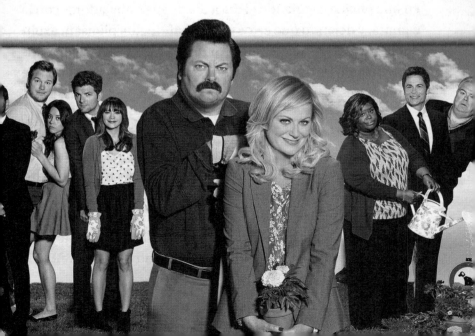

THE OFFICE

| NBC | 2003 - 2006 y 2013 | 9 temporadas | 201 episodios |

Basada en: *The Office* de Ricky Gervais y Stephen Merchant
(BBC)
Adaptada por: Greg Daniels

Que el trabajo de oficina puede ser altamente aburrido y tedioso, es algo que todo el mundo sabe. Retratar esa desidia y la falta de perspectiva de los trabajadores de una empresa que se dedica supuestamente a la distribución de material de oficina fue lo que se propusieron Stephen Merchant, productor y escritor, y Ricky Gervais, músico, director, escritor, guionista y actor tanto de cine como de la televisión, o sea, un verdadero hombre orquesta que lleva años fustigando a los británicos con sus críticas a la flema y la inercia que empapan a la población de esas islas que aíslan al continente cuando hace mal tiempo. Decidieron hacerlo utilizando técnicas de documental, como si viéramos un reportaje sobre cómo se trabaja en una oficina, siguiendo el día a día de sus trabajadores con la cámara, y dejando que éstos «expresen» lo que piensan, expliquen qué hacen exactamente, o resalten, por ejemplo, la importancia de su trabajo, porque, eso sí, siempre se las dan de importantes.

IMPROVISACIÓN VERSUS GUIÓN

A los actores seleccionados para hacer *The Office* se les valoró mucho su capacidad de improvisación, ya que a menudo se incorporaban al guión textos trabajados durante los ensayos y se utilizaban sus sugerencias, consiguiendo así un aire de espontaneidad que refuerza la idea de reportaje. Es, además, una serie coral, donde destacan Michael Gary Scott (Steve Carell), director regional de Dunder Mifflin Inc., un hombre sencillo que intenta «conectar» con sus trabajadores bromeando o lanzándoles puyas que nadie acaba de entender. Dwight Schrute (Rainn Wilson), su dócil asistente, Jim Halpert (John Krasinski), un vendedor que acostumbra a tomar el pelo a Schrute, junto con Pam (Jenna Fischer), la secretaria, supuestamente tímida, de quien Jim está secretamente enamorado, y Ryan Howard (B.J. Novak), que al principio es un trabajador temporal, pero acaba siendo vicepresidente de la región Noroeste de Dunder Mifflin Inc.

EL HOMBRE ES UN ANIMAL MEDIOCRE

El resultado es una muestra de todas las posibilidades de la mediocridad humana, vanidad, ansias de poder, conversaciones sobre sexo, becarias ambiciosas, trabajadores viciosos, embusteros profesionales, viene inspección y corramos todos, hay que hacer un trabajo de reeducación y nos reímos del que viene... Todo puede pasar en esa sucursal de mesas estandars con sillas estandars y gente estandar que se aburre e intenta sobrevivir trabajando lo menos posible.

Porque eso está claro: hay que hacer lo que se pueda para no dar golpe y hacer pasar las horas. El humor ácido y crítico de Merchant-Gervais no deja títere con cabeza y es desternillante, aunque siempre te deja un regusto agrio de cuando te han distraído, pero a costa de que te pongan delante la mediocridad y la avaricia, y algunos otros pecados capitales.

CRUZANDO EL ATLÁNTICO

La serie impactó tanto en la BBC, que los estadounidenses se apresuraron a comprarla y a hacer una adaptación. Para ello, contrataron a Greg Daniels, un escritor veterano con experiencia como guionista en *Saturday Night Live* y *The Simpsons*, que supo darle el toque americano suficiente para que durara nueve temporadas, algo que los británicos nunca hacen (¿Para qué? Ellos van cambiando y siempre lo hacen más que bien). La adaptación americana es algo más explícita, con un *look* más luminoso para alejarse de las tristísimas oficinas de la británica y acercarse a las tristes, pero con más luz, oficinas norteamericanas, y va un poco más rápido en cuanto a argumentos y diálogos, porque ya se sabe que los americanos cuando adaptan, pulen, tensan y explican siempre un poco más. Un salto al gran público que se dio con doble pirueta y que también vale la pena ver.

Curiosidades (cosas que deberías saber si eres seriófilo)

Al género que utiliza los elementos del documental (cámara en mano, gente dando «testimonio» de lo que piensan, o gente simplemente hablando a cámara) y lo hace desde la ficción para «parodiar» la realidad, se le llama *mockumentary*.

Los británicos Ricky Gervais y Stephen Merchant son también los creadores de *Extras*, las historias de un actor mediocre que intenta hacer el gran salto a la ficción haciendo de extra en numerosas producciones. Otra serie desternillante.

B. J. Novak, es también productor ejecutivo de la serie y ha escrito quince capítulos y dirigido cinco.

> **Apta:** para los que les gusta pinchar con un clip al vecino de escritorio o hacer aviones de papel.
> **No apta:** para los que creen que el trabajo dignifica.

30 ROCK

| NBC | 2006-2013 | 7 temporadas | 138 episodios |

Creadora: Tina Fey

MIRÁNDONOS EL OMBLIGO

30 Rock es la dirección del edificio de la General Motors en Nueva York, en el que también se encuentran los estudios de la NBC (en la Rockefeller Plaza). Liz Lemon (Tina Fey) es la jefa de un programa de *sketches* llamado *The Girlie Show*, que se graba en el estudio 6H, dentro de *30 Rock*. La protagonista es su amiga del alma Jenna Maroney (Jenna Krakowski). Pero la cadena NBC decide contratar a un nuevo ejecutivo, Jack Donaghy (Alec Baldwin), una de las grandes sorpresas del programa, para que ejerza de jefe de la cadena de la costa Este y programas de microondas (sí, parece raro, pero lo llaman así). Entra arrasando y sin decirle nada a Liz, contrata a Tracy Jordan (Tracy Morgan), un Eddie Murphy de segunda, para copresentar el programa. Ha empezado la guerra. Liderada, por un lado, por la jefa de guionistas y su amiga, la antigua protagonista, dado que ahora el show se llamará TGS con Tracy Jordan, y al otro lado por el nuevo ejecutivo. La serie está basada en las experiencias de Tina Fey como jefa de guionistas de *Saturday Night Live*.

POR DELANTE Y POR DETRÁS

Como a todos nos gusta la tele, dos productores de la NBC, que no se conocían, tuvieron la misma idea: «Voy a hacer un programa sobre lo que ocurre detrás de esos programas que nos entretienen». *30 Rock* y *Studio 60 en Sunset Street* tienen el mismo tema: Los entresijos de *Saturday Night Live*, el programa mítico de humor donde han aparecido todos los cómicos que han triunfado en Estados Unidos: Andy Kauffman, Eddie Murphy, John Belushi... Y la mayoría de los guionistas de *sitcom* del país. Las dos empezaron a emitirse en la NBC el mismo año. No tenía sentido para nadie, todos estaban convencidos que una de las dos saltaría. Tina Fey, en un principio, pensó que sería ella, ya que se enfrentaba al gran elefante blanco de los guiones en ese momento: Aaron Sorkin. Incluso se picaron entre ellos. Pero *30 Rock* el primer año ganó dos Emmys y Aaron Sorkin tuvo que cerrar *Studio 60*; el segundo, fue finalista dieciocho veces, un récord histórico, de los que ganó cinco, y al año siguiente volvió a superar el récord con 22 nominaciones. Además, su imitación de Sarah Palin, en el *Saturday Night Live,* disparó la audiencia del programa por contagio y convirtió el primer capítulo de la tercera temporada en el más visto de la serie, con ocho millones y medio de espectadores. En la cuarta, empezó la decadencia. Todo tiene su final.

RODEARSE DE AMIGOS

Tina Fey no las tenía todas consigo y cómo era su primera vez en la ficción decidió rodearse de familiares y amigos: Jack McBrayer, el actor que hace de Kenneth Parcell, era un viejo amigo de Chicago y escribió el papel pensando en él. Lo mismo hizo con Scott Adsit, el actor que hace de productor, Pete Homberger, y lo mismo con Tracy Morgan con el que trabajaba en *Saturday Night Live.* Incluso quiso colocar a su colega y amiguísima Rachel Dratch, consiguió que hiciera el piloto, pero después decidieron unilateralmente cambiar el personaje y consideraron que no era la adecuada para el papel, lo que no le sentó nada bien. «No me has dicho nada». Una buena forma de perder a los amigos. Hasta el pianista, Alfonso, es su marido: Jeff Richmond, compositor, arreglista y además productor de la serie.

Curiosidades (cosas que deberías saber si eres seriófilo)

Se emitía en la NBC en el bloque de comedias de los jueves, que formaban *My Name is Earl*, *The Office* y *Scrubs*, una buena compañía.

La crítica la ha relacionado con *That Girl* y *El show de Mary Taylor Moore*, ya que la relación que tiene ella con su jefe Lou Grant (que después protagonizaría la secuela con su nombre), se parece a la de Liz con Donaghy. *That Girl* aparece en una tele en el piloto de *30 Rock*.

En la serie han recibido a incontables celebridades, entre las que podríamos destacar estos o cualquier otro: Robert de Niro, Michael Keaton, Tom Hanks, Rob Reiner, Julianne Moore, John Bon Jovi, James Franco, Wyclef Jean, Michael Sheen, etc.

Apta: para todos los múltiplos.
No apta: para lelos.

VEEP

HBO	2012+	4 temporadas	38 episodios

Creador: Armando Iannucci

De haberlas, haylas, y muchas: Amy Poehler, Kristen Wiig, Melissa McCarthy, por ejemplo, pero Julia Louis-Dreyfus es la reina de la comedia televisiva de los últimos veinticinco años en EEUU. Ella y Tina Fey, de acuerdo. Louis-Dreyfus triunfó en *Seinfeld* con el papel de Elaine Benes, un papel que la marcó para siempre (hasta se llegó a hablar de una maldición: sus compañeros de reparto se quedaron encasillados en la serie, *Jerry Seinfeld aparte*). Pero ella lo superó y continuó su extraordinaria carrera. Aunque titubeó al principio (fracasó con *Watching Ellie*, escrita y dirigida por su marido, Brad Hall), después triunfó con *Las aventuras de Christine* y se consagró con *Veep*. Solo un dato: Julia Louis-Dreyfus ha sido finalistam 18 veces a los Emmy, de los cuales ha ganado 5, los tres últimos por *Veep*. Y sí, aún le queda para llegar a las 33 nominaciones de Tina Fey, pero ya está a más de la mitad del camino, algo es algo.

¿Qué es *Veep*? ¿De dónde sale? ¿Es un *remake*? Cuantas preguntas...

Veep es una sátira sobre el día a día en el trabajo de una ficticia vicepresidenta del gobierno norteamericano (de aquí el nombre, *Veep*, por las siglas VP). La protagonista, Selina Meyer, tiene que lidiar con lo absurdo, la vergüenza ajena y la hijoputez de todos los que la rodean en Washington DC y la Casa Blanca: lameculos, aprovechados, carroñeros, incompetentes, arribistas. Vaya, lo típico de cualquier lugar de trabajo.

En verdad, *Veep* es una adaptación de una serie que el escocés Armando Iannucci ya hizo para la BBC en 2005 titulada

The Thick of It. Ya trataba de políticos y estaba realizada como si filmaran a los protagonistas al estilo cinéma-verité (eso es: como si la cámara no estuviera allí). En EEUU Iannucci hizo una primera adaptación titulada como la inglesa que no pasó el corte del capítulo piloto (la producía ABC). Iannucci se quejó porque no le dejaron controlar el producto y los actores no improvisaban (algo fundamental en sus proyectos). Pero también se agradece el fracaso porque justo después la HBO, que mantenía la fe en el proyecto (qué majos, ellos), le propuso reflotarlo centrándolo en una hipotética vicepresidenta del gobierno. Ianucci aceptó, naturalmente, y el resto son sonrisas y premios.

Pero eso no es todo: el éxito de *The Thick of It* en Inglaterra fue tal, que Iannucci también hizo una película titulada *In the Loop* con el mismo estilo y mezclando políticos ingleses y norteamericanos. Está claro que es una fórmula ganadora: fue finalista al Oscar al mejor guión adaptado en 2010. En ella ya salía la actriz Anna Chlumsky, la única que no tuvo que realizar un cásting para *Veep*.

Tú, a Inglaterra, y yo, a Maryland

Las cuatro primeras temporadas se han grabado en Maryland (EEUU) por sus ventajas fiscales (igual que *House of Cards*). La quinta ya será en California (ofrecen más). Pero a Armando Iannucci le da igual: tiene a su familia en Inglaterra y al final de la cuarta temporada decidió que ya había tenido suficiente, que regresaba a su casa. Es gracioso comprobar que en la serie *Episodes* a sus protagonistas les pasa algo similar: EEUU no es país para guionistas británicos. Los torturan.

Curiosidades (cosas que deberías saber si eres seriófilo)

Para impulsar el proyecto de *Veep* para la HBO, Iannucci trabajó otra vez con Simon Blackwell, su colaborador en *The Thick of*

It, In the Loop y un show anterior en el que ya mezclaban realidad y sátira política titulado *Gash*. Blackwell también es conocido por haber reescrito parte del guión de *Four Lions*, una comedia negra sobre terrorismo jihadista que ganó un Bafta en 2011.

Hugh Laurie aparece en seis capítulos de la cuarta temporada de *Veep* y supone su retorno a la televisión en un papel regular después de ser el doctor Gregory House.

Hay quien asegura haber contado la cantidad de chistes de la cuarta temporada (incluyendo los chistes visuales): la media es de 4,28 chistes por minuto. Dicen que actualmente ningún show supera esta marca.

Apta: los que disfruten de *The Office* y *Parks & Recreation*. Obligada para fans de la Elaine Benes de *Seinfeld*: su sonrisa y su movimiento de ojos siempre llenan la pantalla.
No apta: los que piensen que la política es *House of Cards*, solo *House of Cards* y que *El ala oeste de la Casa Blanca* es una cursilería de parlanchines bien intencionados; es decir, no apta para los que piensen que no se bromea con la política.

DE UNIFORME

Cómo nos gustan los uniformes, esa fuente inagotable de historias tremendas siempre al límite: policías, abogados, médicos, enfermeras, bomberos... la vida, la muerte, la ética, el poder, el cosplay.

Policías

C.S.I. LAS VEGAS

CBS	2000-2015	15 temporadas	335 episodios

Creador: Anthony E. Zuiker

Cuando una serie es capaz de convertirse en una franquicia, se transforma en algo diferente, algo grande, enorme, algo que vas más allá de personajes y tramas. Esto pasa con *Crime Scene Investigation* (*CSI*). Más que una serie, es una marca, un sello, un estilo. A raíz del proyecto original, *CSI* Las Vegas, se han emitido tres series más: *CSI* Miami, *CSI* New York y *CSI* Cyber. Existen videojuegos, libros, cómics y hasta un museo itinerante. Y su influencia también se percibe en tantas otras series: *Caso abierto, Bones, Sin rastro,* etc.

CSI O EL TRIUNFO DE LA HAMBURGUESA

¿Pero qué tiene *CSI* Las Vegas para que haya triunfado masivamente? Algunos críticos dicen de ella que es el McDonald's de la televisión. *CSI* es la primera serie global, mundial, que llega a todas partes, fácil de ver y de entender y también fácil de olvidar al rato. Y de enganchar. El espectador siempre está dispuesto a ver otro capítulo, otro caso enrevesado que solucionar sin importar la temporada. Se consume y se tira. Se consume y se tira. Y así hasta el infinito o hasta donde han llegado las audiencias: todas han sido canceladas y ya sólo queda *Cyber*, protagonizada por Patricia Arquette, nuestra medium preferida, y ya veremos si aguanta. Pero es imposible que una serie llegue tan lejos sin que su planteamiento sea original, atrevido y diferente. Y esto es algo que también sus detractores pueden admitir. Guste o no.

Y EL ASESINO ES...

Cuando apareció *CSI* Las Vegas rompió moldes. Recogió los mecanismos tópicos del *whodunit* (buscar un culpable) y los sofisticó. Ya no es Jessica Fletcher, bolso en mano frente a una taza de te interrogando a los sospechosos. O el policía con la pistola en el costado buscando pistas, encerrado en su coche, haciendo vigilancias y comiendo donuts. Aquí lo que importa es el procedimiento. En *CSI* es un equipo de forenses del turno de noche de Nevada que a la vez son policías y lo que haga falta. Luchan contra el crimen, pero no lo hacen con pistolas. Sus armas son los artilugios científicos, la luz ultravioleta, los vaporizadores, etc. Buscan uñas, pelos, tejidos, sangre, semen, cualquier cosa que puedan llevar al laboratorio para identificar al culpable, por inverosímil que sea. Y lo hacen casi siempre de noche en una ciudad única y exagerada, Las Vegas, que tiene el segundo laboratorio criminal más activo de EEUU después de Quantico. Y lo que podía haber sido un churro de alta tecnología y luces azuladas, pronto se convirtió en una máquina de hacer dinero. A la gente le entusiasmó la hamburguesa, perdón, la magia, el ritmo trepidante, los casos rocambolescos y unos efectos visuales novedosos que, como si fueran un documental, mostraban al detalle qué pasaba con las víctimas: el impacto de un golpe en la cabeza, una bala en el corazón, veneno en la sangre. Estas reconstrucciones, como el ketchup, son indispensables para poder consumir *CSI*, son otra de sus señas de identidad.

HUMANOS VS. ROBOTS

¿Quién lleva a cabo las investigaciones? ¿Robots? Mmmm... ¡Casi! Con tanta sofisticación, al principio quedó claro que los personajes no importaban demasiado. No eran robots, de acuerdo, pero apenas conocíamos nada sobre ellos (ni de los actores que los interpretaban). Solo el protagonista absoluto, el jefe de la unidad, Gil Grissom, era el más relevante: inteligente, educado, misterioso, con sentido del humor (negro), amante de los insectos. Pero también el actor era una estrella de tercera fila: William Petersen. En *CSI* lo que importaba era el producto y su envoltorio. Otra cosa es que con el éxito, el espectador quiera saber más sobre los personajes. Ocurre en todas las series. Los guionistas terminan por darles sus propias historias, a riesgo de desvirtuar el concepto original de la serie. Pero cuando una serie triunfa, eso no importa, porque todo se transforma, todo cambia, y el espectador, tiempo después, cansado ya de tantos casos resueltos por el canto de una uña, lo que quiere es saber si esos personajes que ve cada semana acabarán casándose o si se revelará, por fin, su pasado misterioso.

Aquí ocurrió lo mismo: el espectador se enganchó a Grissom y a su tropa que, temporada tras temporada y discusión tras discusión con los productores, fueron aumentando su salario. Petersen llegó a cobrar 600.000 dólares por capítulo hasta que abandonó. Lo sustituyó Laurence Fishburne, quien a su vez fue relevado por Ted Danson. Un caso polémico fue el de la actriz Jorja Fox, que llegó a ser despedida. Hasta se organizó una especie de colecta en EEUU para pagar su sueldo y hacerla volver a la serie. Cuando lo hizo, Fox entregó las donaciones a una organización benéfica. Con tanto lío, el único actor principal que ha aguantado las quince temporadas de manera regular ha sido George Eads, que intepreta a Nick Stokes. Y se ha salvado por la campana. Ya le habían planeado el retiro por diferencias creativas con los guionistas. Qué malos, ellos.

CURIOSIDADES (COSAS QUE DEBERÍAS SABER SI ERES SERIÓFILO)

Las cabeceras de todas las series de *CSI* son canciones del grupo británico de The Who. El cantante, Roger Daltrey, hizo un cameo en la séptima temporada.

Cuando la serie estaba en su máximo apogeo, Quentin Tarantino dirigió el doble capítulo que cerraba la quinta temporada. En él también aparecía Tony Curtis. Y es que durante todos estos años han llenado la pantalla de cameos: Pau Gasol, Justin Bieber, John McEnroe, Nelly Furtado y Taylor Swift, entre otros.

La serie también provocó el llamado efecto CSI: la gente cree que los forenses trabajan con la misma rapidez y eficacia que los de la serie y eso genera grandes expectativas en la resolución de crímenes, con la consiguiente decepción. Y aún hay más: los guionistas han reconocido haberse inventado artilugios y procedimientos para descubrir pistas. Qué doblemente malos, ellos. ¡Y es que siempre es pertinente recordar que en la ficción la gente no muere de verdad!

Apta: para los que busquen entretenimiento sin complicaciones y los que se cansaron del estilo Colombo y sus interminables pesquisas: ¡aquí lo único que vale son las pruebas científicas!

No apta: para los científicos que claman al cielo cuando ven gazapos en las series. Los que siempre busquen el truco del mago y no se dejen llevar por la magia.

PERSON OF INTEREST

CBS	2011+	4 temporadas	90 episodios

Creador: Jonathan Nolan

Si estás a punto de cometer un crimen y estás en Nueva York, quizá es mejor que tengas en cuenta esto: Harold Finch (Michael Emerson), un misterioso multimillonario, ha contratado a John Reese (Jim Caviezel), un desaparecido exagente de la CIA, para prevenir crímenes en Nueva York con la ayuda de un sofisticado sistema de vigilancia (La Máquina) que observa y almacena todo lo que los ciudadanos hacen y dicen las 24 horas del día.

NO ME ENGAÑAS, ¡TÚ ERES EL BEN DE *PERDIDOS*!

«Estás siendo observado. El Gobierno tiene un sistema secreto, una máquina que te espía cada hora de cada día. Lo sé porque yo la construí. Diseñé la máquina para detectar actos de terrorismo, pero ella lo ve todo....» Así empieza cada capítulo, con la voz fría de Michael Emerson, en su vuelta a la televisión regular después de su personaje en *Perdidos*, el inquietante Ben. Su relación con Jim Caviezel, el atormentado agente de la CIA y sangriento Jesucristo de la película *Pasión* de Mel Gibson (ahí donde va Caviezel siempre hay sangre y sufrimiento...), son la piedra angular de *Person of Interest*, otra serie que se sitúa en la órbita de historias post-11 de septiembre. Americanos obsesionados con la seguridad en su lucha contra el terrorismo. ¿Pero quién es Ben, ay, queremos decir, Harold Finch? Su voz robótica y su mirada glacial vuelven a ser magnéticas: ¿miente o dice la verdad? ¿Por qué contrata a un solo agente de la CIA si tiene todo el dinero del mundo? ¿Qué interés tiene en impedir los crímenes? ¿Cuál es su objetivo real? Estas y mil preguntas más se acumulan en el cerebro del espectador cada vez que Harold Finch aparece en pantalla. No puedes dejar de observarlo y de preguntarte si está mintiendo otra vez. Y es que el actor Michael Emerson es la joya de la corona y si te encantó en *Perdidos*, te gustará aquí.

CREER O NO CREER, ESA ES LA CUESTIÓN

Pero aún hay más. Harold Finch aprovecha La Máquina (que construyó él para el gobierno) para prevenir el crimen. Como Batman, Superman o Spiderman. Como tantos otros. Y eso solo es el principio. A medida que la serie avanza, la imaginación se desborda con conspiraciones a gran escala, tecnología puntísima y algunas reflexiones sobre la condición humana. Glups, ¿y esto último es malo? No si se sirve en un cóctel de 40 minutos a una velocidad de vértigo, un tiovivo de giros, y no se trata al espectador como si fuera tonto de remate. Un poco vale, pero no mucho. Lo de tonto. Y es que tenemos que creernos que existe algo llamado La Máquina que nos vigila todo el día y que luego saca un número de la seguridad social que nos marca como víctima o criminal. Para averiguarlo ya está John Reese. Quizá el planteamiento es aleatorio, arbitrario, tramposo, sí, pero efectivo y adictivo porque el espectador también tiene que descubrir si la persona a la que siguen es buena o mala, si es víctima o verdugo.

UNA RONDA DE CÓCTEL EXPLOSIVO PARA TODOS

Person of Interest es, en un principio, una entretenida serie de casos criminales que se resuelven en el mismo capítulo hasta que la serie dejó de serlo. Luego, su tamaño y su ambición van más allá y ya llevan cuatro temporadas. Gusta medianamente a críticos severos de televisión, a gente joven y no tan joven, y tiene muy buena audiencia. Y ya puestos: es una mezcla de *Texas Ranger* (por los mamporros), *Autopista hacia el cielo*

(¿no es John Reese una especie de ángel de la guarda que aparece cuando más lo necesitas?), *Expediente X* (la gran conspiración) y *Rex*. Sí, el perro. En la serie también sale un leal canino (llamado Oso/Bear) que ataca a los malos. Y es que en *Person of Interest* también hay sentido del humor y ligereza desde el primer capítulo para evitar transcendencias innecesarias. Y se agradece.

CURIOSIDADES (COSAS QUE DEBERÍAS SABER SI ERES SERIÓFILO)

El creador de la serie es Jonathan Nolan, hermano del taquillero director de cine Christopher Nolan: *Memento, El caballero oscuro* (las dos películas), *Interstellar, El truco final*. Todas ellas han sido coescritas con su hermano Jonathan. *Inception* la escribió Christopher solo. Y se nota.

La prometida de Finch, Grace Hendricks, es la esposa de Emerson en la vida real, y el personaje de John Greer es John Nolan, tío del creador. Todo queda en casa.

Y como toda serie basada en casos a resolver, hay un montón de actores que sólo aparecen en un capítulo, de esos que los espectadores reconocemos en seguida o nos pasamos gran parte del capítulo pensando: ¿dónde habré visto yo a esta mujer? ¡Aaargh! ¡Qué rabia, no lo recuerdo! En los primeros episodios encontramos a Natalia Zea (la ex-esposa de Raylan Givens en *Justified*), David Costabile (el químico Gail de *Breaking Bad*) o Linda Cardellini (*Urgencias, Bloodline* o *Mad Men*, la serie por la que consiguió una nominación a los Emmy). Qué sería de las series procedimentales sin estos trotamundos de la tele.

Apta: para quien quiera diversión, tensión, emoción, conspiración, ostias, un perro como Rex y gente más buena que el pan combatiendo a los malos.

No apta: si crees que hay algunos crímenes que no se resuelven nunca. Si eres tecnófobo. Si tu modelo serie policial es clásica y alcoholizada como McNulty. ¿Quién es McNulty? Si no lo sabes, quizá te guste esta serie.

PSYCH
EL MENTALISTA
(THE MENTALIST)

PSYCH

USA NETWORK	2006-2014	8 temporadas	121 episodios

Creador: Steve Franks

EL MENTALISTA

CBS		2008-2015	7 temporadas	151 episodios

Creador: Bruno Heller

ELEMENTAL, QUERIDO GUS

Psych quizá no sea una gran serie, pero tiene el honor de ser la primera en desenterrar el mito de Sherlock Holmes en el siglo XXI. Shawn Spencer, interpretado por James Roday, ha sido entrenado por su padre desde su más tierna infancia en el duro procedimiento policial hasta convertirse en un Sherlock moderno. Su Watson es su amigo de la infancia Gus, interpretado por Dule Hill, que, dado el nivel de la parodia, trabaja para la industria farmacéutica y tiene un gran olfato. Shawn consigue engañar a la policía ocultándoles sus habilidades, y haciéndoles creer que es adivino. El inspector Lestrade del original de Conan Doyle se convierte aquí en Carlton Lassiter. Y si en el original, Holmes es un misógino y se aísla del mundo, en *Psych*, el héroe, aunque ya está granadito, no ha crecido y su infantilidad también lo aísla del mundo, comunicándose sólo con su amigo del alma, que lo soporta por esta única razón. Y como con Sherlock, la relación de Shawn con su padre es tensa, aunque al revés que Sherlock, con el paso de los años mejorará.

Más archienemigos que Moriarty

Psych apareció en el verano del 2006. En ese momento, el género policial estaba copado por *CSI, Bones, Dexter* y demás series donde la tecnología juega un papel importante en la resolución de unos casos más que truculentos. En su estreno, en USA Network, un canal de cable, batió todos los records y se convirtió en el de mayor *rating* con más de seis millones de espectadores, de los que pagan cada mes, llevando a *Psych* al primer puesto de ese año en todos los canales de cable.

La mayoría de episodios empiezan con un *flashback* donde Shawn y Gus, sobre todo el primero, reciben una lección que después aplicarán al caso del día.

De *Pshyc* a *El mentalista*

Durante un capítulo, Shawn le comenta a Gus que hay una serie de televisión que va de un psíquico vidente que en realidad es falso. Asesora a la policía y se llama *El mentalista. Mentalist* es sinónimo de *Psychic*. Efectivamente, Bruno Heller, guionista inglés, que ya se había colado en *Roma*, había estrenado en 2008, dos años después que *Psych, El mentalista,* la nueva serie, en la que el protagonista es Patrick Jane, interpretado por el actor australiano Simon Baker. Jane se gana la vida como medium, y un día en un programa de la tele decide reírse de un asesino en serie llamado Red John. El archienemigo Morirarty, uno de los pocos elementos del original que no utilizaba *Psych*, aparece como línea transversal en todas las temporadas.

Y como todos sabemos, excepto Jane, los asesinos en serie se pasan el día viendo la tele porque tienen mucho tiempo libre, y un día vuelve a casa y resulta que han asesinado a su esposa y a su hija. Entonces decide contar la verdad: confiesa que no es medium, ni siquiera quiromántico y que lo que pasa es que se fija mucho. Como es listísimo, convence a la policía para que lo contrate como asesor, pero él tiene su agenda secreta y su mente siempre atenta en localizar a su archienemigo.

UN ÉXITO FULMINANTE

La serie fue un éxito en la CBS y el protagonista firmó un contrato vitalicio con la cadena. Es excéntrico y coqueto. Lleva un traje de tres piezas, nunca suda, duerme en un sofá, lee, bebe té y va de listillo, aunque se reprime. ¿Por qué lo aguantan sus compañeros, que son policías de verdad y han estudiado y tienen vocación y ven como siempre van a remolque del protagonista vende-bragas? Porque como él, todos tienen pony (en el argot guionístico, elemento del pasado que marca al personaje). Teresa, la jefa (Robin Tunney), una infancia desgraciada, madre atropellada y padre borracho. Cho, (Tim Kang), era un pandillero juvenil y acabó en el reformatorio. Rigs By (Owain Yeoman) con un padre ángel del infierno y Van Pelt (Amanda Righetti), es de familia ultracatólica y tiene una prima vidente. Pero no deja de ser una secuela de *Psych*, en la que a Sherlock le matan a su padre, a Gus y a su novia. Y de golpe, crece un poquito.

CURIOSIDADES (COSAS QUE DEBERÍAS SABER SI ERES SERIÓFILO)

La Santa Barbara de la serie es en realidad Vancouver, Canadá.

Aptas: para ver con la abuela.
No aptas: para buscar el subtexto.

SHERLOCK/ELEMENTARY

SHERLOCK

BBC One	2010+	3 temporadas	9 episodios

Creador: Arthur Conan Doyle

Adaptación: Mark Gatiss y Steven Moffat

ELEMENTARY

CBS	2012+	3 temporadas	72 episodios

Creador: Arthur Conan Doyle

Adaptación: Robert Doherty

LA EXTRAÑA PAREJA

Cuando los ingleses se hartaron de que su héroe nacional fuera usado en vano por las colonias americanas *(Monk, Psych, El mentalista)*, decidieron tomar cartas en el asunto. Steven Moffat y Mark Gatiss, grandes admiradores del detective y guionistas de *Doctor Who*, estuvieron dándole vueltas a la idea de actualizar *Sherlock*, con un par, si contamos a Watson. Pero estaban preocupados, porque las últimas adaptaciones, las de los ochenta y noventa, del siglo pasado, eran demasiado reverenciales y demasiado lentas. Además ellos sabían que cualquiera que en Inglaterra se atreva a abordar el personaje, debe andarse con cuidado para no soliviantar a los fans más fervientes de sir Conan, que son muchos y están organizados.

DE LA SEGUNDA GUERRA ANGLOAFGANA A AFGANISTÁN

Consecuencias: Watson (Martin Freeman) vuelve en la versión moderna de Afganistán, sólo porque la Sociedad Sherlock Holmes de Londres aseguró que en el original, Watson volvía inválido de la Segunda Guerra Angloafgana. Toma. Cuando todo el mundo sabe que Watson es su camello.

Con toda esa presión encima, es normal que al final, Sherlock (Benedict Cumberbatch) y Watson sean como en el libro, y toda la actualización quede reducida a que ahora tienen móvil e internet, parches de nicotina (esto sólo motivado por la ley) y desapareciera la adicción a la morfina. Y para Sherlock, un poco de síndrome de Asperger, como la protagonista de *Broen* o Sheldon Cooper en *The Big Bang Theory* o tantos otros en los últimos tiempos.

La audiencia, a contracorriente

Hicieron un piloto de sesenta minutos que según *The Sun* costó casi un millón de libras, con la esperanza de que fuera bien e hicieran la serie. Pero después de que los productores lo vieran, decidieron no emitirlo y encargar tres episodios de noventa minutos. Como fuera, los tres episodios empezaron a emitirse el 25 de julio y como todos sabemos, el verano no es el *prime time* del año, lo que supone que no estaban muy contentos con el resultado final. Aún así, la crítica fue formidable, aunque algunos la consideraron un poco lenta, y la mayoría sólo estaba preocupada por el grado de infidelidad con el original. Pero la BBC no dudó en encargar más episodios.

En el salvaje far west

En Estados Unidos lo emitió PBS, el canal público. En 2011 y 2012 empezaron a llover los premios: Baftas, Emmys, Globos...

Total, en USA fue la bomba y la CBS corrió a llamar a la BBC para conseguir los derechos y hacer un *remake* tipo Hollywood. Pero la BBC tenía otros planes, un nuevo canal para los Estados Unidos, y no quiso saber nada de nada. Y como *fair play* es un término británico y la CBS es de Estados Unidos, decidió seguir adelante con su proyecto. La tele es un medio plagiador por excelencia y cuando un formato funciona en una cadena, milagrosamente se reproduce en la competencia. Los americanos, pues, decidieron utilizar el personaje universal y jugar con él.

ELEMENTARY

La adaptación americana funciona a la perfección. Y consiguió, como marcan los cánones de las escuelas de economía, vender lo mismo con otra marca, y entre los dos, barrer al resto de competencia. El *Sherlock* americano, el actor escocés Jonny Lee Miller, *Elementary*, como en el original, tiene problemas con la heroína, pero, como estamos en el siglo XXI, se está quitando.

El médico que le envía su padre para que le ayude es Joan Watson (Lucy Liu). La diferencia entre el Watson inglés y la Watson americana está en que ella no se perdió ninguna clase de medicina y tampoco quedó alelada por los bombardeos en Afganistán. Aunque el Watson inglés no es tan tonto como en los libros de Conan Doyle. Eso sí, lo de fumar es tan deleznable en un continente como en el otro y ninguno de los dos saca la pipa.

ALGUIEN LOS CRÍA Y ELLOS SE JUNTAN

Siempre ha habido un montón de chistes sobre la relación de Watson y Holmes, y su condición de homosexuales encerrados en el armario. Holmes, excepto en la película de Billy Wilder, no ha tenido relación con señoras, y quizá por eso fue tan fácil para Irene Adler engañarlo. Sea como fuere, la versión inglesa sugiere que Sherlock quizá ha salido del armario. Watson le pregunta: «¿Novias?» Y él responde: «No. No es mi área». Y además, la propietaria del apartamento que alquilan está convencida de que son pareja.

En cambio, el Sherlock de *Elementary*, aunque se parece más a Stan Laurel, cumple su cometido, y su personaje es con-

temporáneo. Mientras que el inglés, mucho más guapo e interesante, es un poco recorta y pega. El Sherlock de *Elementary* va con mujeres, aunque sólo sea para hacer un análisis de cualquier cosa que estudia y curiosamente el Sherlock inglés copió esa actividad en la tercera temporada, aunque había asegurado que no estaba interesado en ellas.

La controversia es ideal para las ventas.

Aptas: para todos los públicos.
No aptas: para los amantes de la teoría del caos, ni para Dirk Gently, el dectective holístico.

THE BRIDGE

FX	2013-2014	2 temporadas	26 episodios

Creador: Björn Stein

Adaptadores: Meredith Stiehm y Elwood Reid

Después de un extraño y breve apagón que inutiliza todas las cámaras de vigilancia, justo encima de la línea fronteriza entre EEUU y México, en el puente de las Américas, aparece un cadáver de mujer. ¿La policía de qué país investigará el caso? ¿El detective mexicano Marco Ruiz (Demián Bichir), de la jurisdicción de Ciudad Juárez, o la detective norteamericana Sonya Cross (Diane Kruger), del departamento de homicidios de El Paso? ¿Dónde enterrarán a los supervivientes? No importa, porque pronto ocurre la primera sorpresa importante de la serie, un hecho impensable que los obligará a trabajar juntos, algo que... mejor no contamos qué ocurre. Porque *The Bridge* se basa en esto: una investigación policial llena de giros, trampas, asesinatos retorcidos y truculentos, piezas aparentemente sueltas que poco a poco van encajando en la persecución de un asesino en serie extremadamente inteligente que se comunica por teléfono con la voz distorsionada.

Pero no todo es artificio o sofisticación en la propuesta de esta serie. Con la fórmula clásica de la pareja de detectives antagónicos, *The Bridge* también nos aproxima a la realidad fronteriza entre México y EEUU. Nos habla de inmigración ilegal, prostitución, desigualdad, corrupción, narcotráfico. De las mujeres desaparecidas de Ciudad Juárez. De las muertas. De un asesino al que llaman la Bestia. Y también de la complicada vida de los dos protagonistas, claro.

La extraña pareja

Sonya Cross es la detective norteamericana obcecada con el trabajo y el enésimo personaje que aparece en televisión con el síndrome de Asperger (o una de sus variantes). Quizá lo hemos visto muchas veces, de acuerdo, pero es innegable que su falta de empatía, su incapacidad para interpretar los comportamientos (lenguaje verbal y no verbal) de todos los que la rodean y su obsesión con seguir las normas, funciona a la perfección con Marco Ruiz, el otro protagonista. Él es lo opuesto. Emocional, con sentido del humor, familiar, egoísta, espabilado, «no me hagas preguntas, no te diré mentiras». Junto al intrincado y rocambolesco caso que investigan, la relación entre ellos dos es el contrapunto ideal para que la serie no se convierta solo en un castillo de fuegos artificiales.

Curiosidades (cosas que deberías saber si eres seriófilo)

The Bridge está basada en una serie escandinava titulada *Bron/Broen* escrita por Björn Stein, muy recomendable. En la original la persona asesinada aparece en el puente de Oresund, que une Suecia y Dinamarca, y es la primera serie producida conjuntamente por estos dos países. Su éxito fue tan espectacular que no solo los norteamericanos han hecho su versión: ingleses y franceses coprodujeron otro remake, en este caso titulado *The Tunnel* (en referencia al Channel Tunnel, o Túnel de la Mancha, que une Francia y Gran Bretaña).

Pero en EEUU el éxito no fue el mismo. A pesar de que empezó muy bien y tuvo una audiencia regular durante la primera temporada, en la segunda se desplomó y perdió un tercio de los espectadores (el final fue visto por un millón de espectadores). Quizá la serie no soportó la fuga de una de sus *showrunners*, Meredith Stiehm, a *Homeland*. Elwood Reid, aunque es un experimentado guionista (*Caso abierto*) se estrelló en su intento en solitario.

Y un detalle sobre el *casting*: el teniente Hank Wade, jefe y protector de Sonya Cross, es el actor Ted Levine, conocido mundialmente por su interpretación del asesino en serie de otra retorcida historia, la película *El silencio de los corderos*.

Apta: para los que disfruten con las series de crímenes complejos, casi inverosímiles, y las buenas parejas de policías. También para los que busquen el ambiente fronterizo y algun toque de humor al estilo de *Breaking Bad*.

No apta: para los que no quieran más personajes con síndrome de Asperger en sus vidas, que ya tuvieron bastante con Grissom *(CSI)* o Sheldon Cooper *(Big Bang)*. Los que siempre se quedan con la versión original y rechazan imitaciones (pues ellos se lo perderán, porque es una buena adaptación, libre y fiel al mismo tiempo).

THE CLOSER

| TNT | 2005-2012 | 7 temporadas | 109 episodios |

Creadores: James Duff

Brenda Johnson (Kyra Sedgwick) llega a Los Ángeles cuando la nombran jefa de una supuesta división de Major Crimes. Rubia, vestida con vestido a flores, tacones de órdago y un bolso estilo Mary Poppins donde cabe de todo, parece una tonta destinada a que se la coman con patatas los miembros de su equipo, una banda de hombres-policía que contemplan su llegada atónitos. Para colmo, se dice y se comenta, y encima es verdad, que ha tenido un affaire con su inmediato superior, Chief Will Pope (J.K. Simmons, el obsesivo profesor de batería de *Whiplash* ganador de un Óscar), que ha depositado en ella la confianza para tirar adelante esta unidad policial.

MUJER AL MANDO

No la reciben con aplausos. Ni el teniente Louie Provenza, (G.W. Bailey), mayor, chapado a la antigua y con unas cuantas exmujeres, ni tampoco el teniente Andy Flynn (Tony Denison), un clásico norteamericano, con problemas de alcoholismo y alguno más, también con las mujeres (si tenemos que creer a las series, no hay quien aguante a un policía de marido. Si te casas con un poli norteamericano, fijo que acabas destrozada o divorciada). Ellos son los que muestran más reticencias ante la novedad, porque el resto del equipo, muy en el espíritu Benettton que muestran las comisarías de muchas series, está compuesto por un policía de origen oriental, el teniente Mike Tao (Michael Paul Chan), un hombre tranquilo a cargo de los temas informáticos; el sargento David Gabriel (Corey Reynolds) negro y asistente personal de Brenda, también muy discreto y elegante, y el detective Julio Sánchez (Raymond Cruz, *Breaking Bad*), la cuota latinoamericana, buena gente, con pasado turbulento, católico y experto en bandas. Como todo pasa bajo el sol, la comisaría tiene un aire moderno y veraniego, y también a Buzz Watson (Phillip P. Keene), que se encarga de grabar todas las escenas del crimen y de todo el tema audiovisual, que para eso estamos en California.

Una detective pizpireta, pero perspicaz

Y ahí está Brenda, dando órdenes, y mostrando en el primer capítulo que agallas no le faltan. Como le cuesta encontrar casa en California, se queda la que acaba de ser escenario de un asesinato. Le ha gustado, aunque tenga un gato de inquilino, del que no hay manera de deshacerse. Y a continuación muestra por qué es tan buena. Sus interrogatorios son perspicaces, intuitivos, marean al acusado (se hace pasar por tonta e inepta) y los hace caer en la trampa a cuatro patas. Sus compañeros, que la miran desde el cuarto de máquinas (la sala de vídeo), alucinan. Resulta que aunque se hace pasar por tonta, no lo es, aunque va de despistada, tiene una memoria de elefante, y aunque vista como una modelo, es una work-alcohólica empedernida, que disfruta mucho más en el trabajo que en cualquier otra parte. Además, come chuches y galletitas compulsivamente y tiene un novio de paciencia infinita, el guapo y formal Fritz (Jon Tenney), agente especial del FBI, que encima de cuidarle la casa y a ella, se encarga de ayudarla cuando hay que saltar a la esfera nacional e internacional. Es competitiva hasta la muerte, no soporta que le quiten casos que ella cree que son suyos (todos), y es capaz de racanearle información al bueno de Fritz para resolver ella un caso.

Un largo recorrido

Cada capítulo nos muestra un caso distinto, muchos de ellos de famosos o gente rica de Los Ángeles, aunque también hay peleas entre pandilleros, droga, estafadores y todo lo demás, ya que la serie se emitió durante cinco años. Todo en un tono «californiano» y ligero. Los miembros del equipo acaban siendo una gran familia, como es habitual, y sus relaciones, uno de los máximos atractivos de la serie. Además de la manera como se resuelven los casos, con Brenda medio mintiendo y los otros haciendo teatro, muchas veces bordeando la legalidad, pero siempre en pos de la verdad y en defensa de los inocentes. *The Closer*, alguien que cierra casos o negocios, se convirtió en la tercera temporada, en la serie de cable más vista de todos los tiempos.

Curiosidades (cosas que deberías saber si eres seriófilo)

A partir de la quinta temporada, se incorpora a los habituales de la comisaría Sharon Raydon (Mary McDonnell), capitana del departamento de Asuntos Internos, que investiga los poco ortodoxos métodos de Brenda. Primero muy reticente, después más empática, aunque siempre muy legalista, Sharon acaba formando parte de la familia. Cuando la actriz Kyra Sedgwick, en la sexta temporada, se cansó de interpretar a su personaje, el creador de la serie decidió que ella era la indicada para sustituirla. En una pirueta difícil, que a priori parecía que no funcionaría, los productores pusieron en marcha *Major Crimes,* un sólido *spin-off,* manteniendo al equipo tal como estaba y poniendo a la cabeza de los detectives al Teniente Provenza, otra elección atrevida.

Un cotilleo: Kyra Sedgwick está casada con Kevin Bacon desde septiembre de 1988, con quien tiene dos hijos. Han trabajado juntos en *Pyrates, Murder in the First, The Woodsman* y *Loverboy.*

THE CLOSER VERSUS PRIME SUSPECT

Algunos críticos de televisión apuntaron en su estreno que *The Closer* le debía mucho a la serie británica *Prime Suspect,* protagonizada por la fantástica Helen Mirren, interpretando a Jane Tennison, la primera mujer jefe de detectives de una comisaría del área metropolitana de Londres. La serie, considerada por la crítica una de las mejores series británicas de todos los tiempos, está ambientada en los años setenta. Seguramente por esta razón, Helen Mirren se abstiene de llevar vestidos de flores y opta por un talante duro y seco para dirigir a la banda de machistas, algunos muy corruptos, que intentan jugársela caso tras caso.

Apta: para amantes del policíaco *light* y distraído.
No apta: para los que odian los personajes femeninos neuróticos y gesticulantes.

THE KILLING

| AMC Netflix | 2011-2014 | 4 temporadas | 44 episodios |

Creador: Soren Sveistrup   Adaptadora: Veena Sud

Sarah Linden (Mireille Enos) y Stephen Holder (Joel Kinnaman), dos detectives de Seattle, investigan la desaparición de una adolescente... Y hasta aquí podemos contar. ¿Eh? ¿Ya está? ¡Decid algo más! No podemos...

SIN PRISA PERO SIN PAUSA

The Killing es una serie que mezcla el drama familiar con la investigación policial y las ramificaciones políticas, y explicar demasiado sería traicionarla. Y nosotros somos gente legal. Conviene dejarse llevar por su ritmo pausado (sí, estamos ante algo que muchos consideran lento, aburrido, pesado... ¡pues no la veas!), zambullirse en su atmósfera azuloscuracasinegra, en las sombras y las luces de cada plano, en las pistas que van dejando caer como la lluvia dispersa pero constante y que al final de cada capítulo, al ritmo de los tambores, revelan algo importante para que tengas ganas de más. Toma *cliffhanger*.

NUESTROS POLICÍAS CONTRA EL MUNDO

Algo distintivo de *The Killing* (además de la tristeza de sus imágenes y la lluvia sempiterna de Seattle) es que la serie no solo aborda la investigación criminal. El espectador también se adentra en el drama familiar que supone la desaparición de una persona: frustración, venganza, supervivencia. Seguimos a la familia y a los detectives y sufrimos con ellos. Porque los detectives también cargan sus propias cruces: Sarah Linden tiene que dejar el trabajo, mudarse de ciudad, casarse y ser la madre que nunca ha sido para su hijo. Claro que en cada capítulo aparecen más pistas sobre la chica desaparecida y así es imposible largarse. Y Stephen Holder lucha contra el mundo porque es un ex-todo (alcohólico, drogadicto, problemático) y va de tío duro con capucha. Pero es un trozo de pan, guasón y noble. Y vegetariano. Un personaje como la copa de un pino. Entrañable. E interpretado por un actor de origen sueco. Ellos dos son el núcleo de *The Killing* y con ellos escarbamos las almas del resto de personajes: la familia que esconde secretos a mansalva, los políticos que mienten y vuelven a mentir, los policías que tienen intereses más importantes que resolver los crímenes, mafiosos indios y mafiosos polacos.

No diga *The Killing*, diga *Forbrydelsen*

The Killing es una adaptación de una serie danesa (*Forbrydelsen*) que tuvo mucho éxito en su país de origen y en el Reino Unido, donde se emitió en versión original subtitulada. Sus audiencias fueron de récord y eso fue lo que llevó a Sony a encargar a Veena Sud (productora ejecutiva y guionista de *Caso abierto*) la versión para el público americano. Cambiaron el culpable de la desaparición de la chica, pero la serie era casi la misma, como los jerseys de lana de la protagonista.

No disparéis al *showrunner*

Pero el éxito europeo no tuvo su correspondencia en la adaptación norteamericana. Desde el principio tuvo bajas audiencias y al final de la primera temporada, muchos críticos y espectadores se indignaron con Veena Sud. Internet estaba lleno de mensajes en su contra. El principal problema es que acabaron la primera temporada de manera abrupta, sin un final, dejando la continuación para la segunda tanda. La gente se frustró sobremanera. Por eso lo mejor es entender las dos primeras temporadas como una sola. Otra crítica feroz fue contra la serie en sí, el ritmo, la pausa, el tono. Pero, para ser justos,

la original ya era así. ¿Qué culpa tiene Veena Sud? El resultado fue que AMC canceló la serie en dos ocasiones y que Netflix recuperó la última temporada (solo fueron seis capítulos). Dicen que ahora ya está enterrada, pero nunca se sabe.

CURIOSIDADES (COSAS QUE DEBERÍAS SABER SI ERES SERIÓFILO)

Algunos de los realizadores de la serie (Ed Bianchi, Phil Abraham, David Attias, entre otros) han participado en otras que han hecho historia: *Los Soprano, Mad Men, Boardwalk Empire,* etc. Uno de los más destacados es Jonathan Demme, director de *El silencio de los corderos*, que dirige dos capítulos (¡puedes encontrar guiños de esta película.

Algunos detalles más son que Joel Kinnaman fue el nuevo Robocop y es famoso en Suecia por otro detective (también con capucha); Michelle Forbes (la madre de la desaparecida) también destacó en *Battlestar Galactica* como la temible almirante Helena Cain; y que Mireille Enos borda la detective más seria y triste de la historia de la televisión, con permiso de la actriz danesa original, claro, Sofie Gråbøl, quien se marca un cameo en el remake. Bien por las dos.

> **Apta:** para amantes de lo oscuro, lo enrevesado y lo pausado, de las parejas policiales con química, de *Seven* y *El silencio de los corderos*.
> **No apta:** si crees que los delitos se resuelven en treinta minutos y a lo *CSI* y todo lo demás es perder el tiempo.

THE SHIELD

FX Networks | 2002-2008 | 7 temporadas | 88 episodios

Creador: Shawn Ryan

The Shield es un clásico policíaco y una de las mejores series de la historia para muchos críticos. Inexplicablemente pasó bastante desapercibida entre otras muchas series buenas contemporáneas, pero vale la pena recuperarla.

POLICÍAS FEOS Y CHUNGOS EN L.A.

Ambientada en Farmington, un distrito imaginario de Los Ángeles conocido como la Granja (The Farm), está protagonizada por un grupo de asalto de policías que trabajan al margen de la ley en el barrio, pasto de las bandas y de criminales de la peor calaña.

El líder del grupo es Vic Mackey (Michael Chiklis), un detective tan violento, listo y corrupto como feo. Le acompañan en sus incios los detectives Shane Vendrell (Walton Goggins), Ronnie Gardocki (David Rees Snell) y Curtis «Lem» Lemansky, más conocido como Lemonhead (Kenny Johnson). Juntos forman una especie de escuadrón de la muerte temido y respetado en los bajos fondos que se pasan por el forro las órdenes de sus superiores inmediatos y todo el catálogo de buenas prácticas de la policía.

Agentes de la ley corruptos ha habido muchos en la ficción televisiva, pero que sean los protagonistas no deja de ser una apuesta arriesgada. Y si además en la comisaría hay policías que hacen bien su trabajo sin quebrantar las reglas y respetando los derechos humanos elementales, tiene aún más mérito que una serie como *The Shield* funcione y el espectador medio no tenga reparos en identificarse con el turbio Vic Mackey. Y

es que a pesar de ser un experto en extorsionar, torturar y asesinar, su objetivo último es el Bien: pacificar el distrito donde trabaja. Además Vic, que en el fondo es un padrazo, tiene un panorama familiar complicado: una mujer exigente y varios hijos, uno de ellos autista. ¿Justifica eso que se comporte como un animal con los detenidos, ningunee a sus jefes y se ponga chulo hasta con los pitbulls? No. Pero es lo que hay.

En la «cuadra» (*the barn*), que es como llaman cariñosamente a la comisaría en la serie a pesar de estar ubicada en una antigua iglesia, también hay buenos policías, como la extraordinaria pareja compuesta por el detective Holland «Dutch» Wagenbach (Jay Karnes) y la detective Claudette Wyms (CCH Pounder), compañeros en las primeras temporadas.

THE SHIELD: MÁS DURA IMPOSIBLE

The Shield es una serie realista, burra como un puñetazo en el estómago, con abundante acción (acción bien entendida, nada de persecuciones de coches interminables ni peleas coreografiadas como si fuera *El lago de los cisnes*) y tramas trepidantes con olor a sobaco. La corrección política brilla por su ausencia. Y por supuesto, es adictiva. Tanto, que te acabas encariñando hasta con la impersonal cazadora de cuero que luce el protagonista.

Moralmente siempre sitúa al espectador en una posición incómoda, lo que la hace aún más valiosa y arriesgada. Los finales de la primera, segunda y sobre todo, última temporada son difíciles de olvidar, como también lo es el personaje que interpreta Glenn Close en la cuarta temporada, la capitana Monica Rawling. Su trabajo le valió una nominación a los Globos de Oro. Después le llegaría el turno a Forest Whitaker haciendo de agente de asuntos internos. Memorable personaje.

Fuera de la comisaría, en las calles del barrio, pululan los miembros de las bandas y las mafias de todas las razas y colores: los Toros, los «Mags», las Hordas o la tremebunda mafia armenia y su famoso tren del dinero...

Si hay que buscarle algún defectillo el peor sería, sin duda, su horrible careta y el berrido estridente que la acompaña en sus siete temporadas por obra y gracia de la canción *Just Another Day;* pero por supuesto no es nada comparado con sus innumerables virtudes.

En resumen, *The Shield* es una de las mejores series policíacas de todos los tiempos (con permiso de *The Wire*).

CURIOSIDADES (COSAS QUE DEBERÍAS SABER SI ERES SERIÓFILO)

Inexplicablemente la policía de Los Ángeles no tuvo demasiado interés en verse retratada en una serie protagonizada por una panda de policías corruptos, por lo que los personajes de la serie lucen un uniforme ficticio, igual que la placa (con forma de escudo).

El personaje de la mujer de Vic Mackey (Corrine) está interpretado por la mujer en la vida real del creador de la serie, Shawn Ryan. No es difícil imaginar la presión bajo la que debieron trabajar los guionistas. Seguro que ninguno de ellos propuso que la atropellara un camión en una reunión.

Apta: para nostálgicos de *Harry el sucio*, fans de Glenn Close y amantes de la testosterona televisiva.
No apta: para propietarios de colon irritable y moral estrecha.

TRUE DETECTIVE

| HBO | 2014+ | 1 temporada | 8 episodios |

Creador: Nic Pizzolatto

En el fondo se intuye un bosque oscuro, oscurísimo, y una silueta humana (o casi bestia) que se esconde. Lleva algo en la mano (¿un cuchillo? ¿un bate?). En el centro unas letras grandes rezan: «El hombre es el animal más cruel». Es uno de los pósters con los que la HBO promocionó la serie y una imagen que define a la perfección qué significa y qué es *True Detective*: una historia negra sobre almas descarriadas, un viaje al abismo de la humanidad, hacia el otro lado. Buf... No será para tanto. Pues sí. ¿No ha quedado claro?

LA VISIÓN DE PIZZOLATTO

Fijémonos en el primer asesinato ritual (esa chica acuchillada y arrodillada como si estuviera rezando delante del árbol solitario, robusto y retorcido; una chica atada y con una cornamenta sobre la cabeza). O uno de los primeros diálogos entre los detectives, cuando Hart le pide a su compañero que le diga algo ya que llevan tres meses juntos y no sabe nada sobre su vida. Entre otras perlas y después de remarcar que es un pesimista, Rust suelta: «Somos criaturas que no deberíamos existir por ley natural» «Eso suena horrible de cojones, Rust», contesta Hart. Es filosófico. Negro. Y con un punto humorístico. Así funciona *True Detective*, por contrarios, por oscuros y puntos de luz, perdición/salvación. Ahí es nada. Porque si algo no falta en esta serie es ambición. Por esta razón se fue Nic Pizzolato de *The Killing*, serie en la que era un guionista de la plantilla. Porque no estaba de acuerdo con la dirección de los capítulos y él sentía la necesidad de expresar su propia visión, no la de otros. Así que se fue y apostó por su propia historia. Y a lo grande: en la HBO y con dos actores de cine fuera de serie: Matthew McConaughey y Woody Harrelson, que también ejercen de productores. Ésta era su visión.

TRUE DETECTIVE, ÁNGELES CAÍDOS, EL INFIERNO

Originalmente la serie estaba ambientada en Arkansas. Pero como en tantas otras series se cambió la ubicación por motivos fiscales y se trasladó a Louisiana. Un espacio de cielos abiertos, aguas pantanosas, árboles retorcidos. Allí, dos detectives de homicidios (Rustin 'Rust' Cohle y Martin Hart, McConaughey y Harrelson respectivamente) son interrogados por separado sobre unos macabros asesinatos que ellos mismos investigaron diecisiete años atrás, cuando trabajaban juntos. Durante el caso se pelearon. Hubo algo más que problemas, recelos, desconfianza, disputas. Vaya, que acabaron fatal.

¿Pero por qué ahora la policía quiere saber lo que realmente ocurrió durante ese caso que, por cierto, no resolvieron? Lo que viene a continuación (narrado juntando pasado y presente) es un festival de sugerentes e impactantes imágenes, reflexiones, preguntas y más preguntas (y algunas respuestas), luchas y desencuentros, una bajada a los infiernos en la que los acompañamos hasta el final. Y sí, disfrutamos de este infierno. Oímos la voz de Rust (pesimista, desencantado, atormentado) y la de Hart (un tío normal y familiar, como él dice, pero un tipo más cerca del abismo de lo que él mismo cree), y sufrimos con ellos, queremos que resuelvan el caso, pero también que resuelvan sus vidas. Porque *True Detective* no es solo una serie de dos policías que investigan asesinatos rituales. También (y sobre todo) es una serie sobre ellos, sobre sus demonios, su visión de la vida y sobre las decisiones que toman para conseguir que entre tanta sombra se filtre algún rayo de luz.

Curiosidades (cosas que deberías saber si eres seriófilo)

Todos los capítulos han sido escritos por Pizzolatto (originalmente era una novela, continuación de otra titulada *Galveston*) y dirigidos por Cary Joji Fukunaga, un reputado cineasta, en detrimento de Alejandro González Iñárritu, que estaba preparando *Birdman*. La crítica destacó la realización del final del cuarto capítulo (*Who Goes There*), un plano secuencia de seis minutos. Alucinante. Y le dieron un Emmy, claro, como a los créditos iniciales: una pequeña obra de arte con música de The Handsome Family (*Far From Any Road)* que ambienta de manera precisa el mundo y el tono de la serie.

Al principio Matthew McConaughey tenía asignado el papel de Hart, pero se enamoró de Rust e hizo lo imposible para conseguirlo. Luego dicen que escribió más de cuatrocientas páginas sobre el personaje para meterse dentro de él. Lo consiguió.

Está previsto que cada temporada de *True Detective* sea una historia diferente y con actores nuevos. Por eso aquí solo hemos hablado de la primera tanda de capítulos.

Apta: imprescindible para los amantes de los policíacos oscuros y pausados, películas como *Seven*, y los que ya no van tanto al cine porque la tele ofrece historias mejor contadas.

No apta: para impacientes, los que se duermen viendo la tele después de cenar y los que odian a Matthew McConaughey haga lo que haga (bueno, pero aquí el chico está estupendo... he dicho «haga lo que haga»).

Ladrones

ORANGE IS THE NEW BLACK

| Netflix | 2013+ | 4 temporadas | 52 episodios |

Creadora: Jenji Kohan (basada en el libro homónimo de Piper Kerman)

Una serie protagonizada por mujeres donde no se habla de moda, ni de hombres (si no es para insultarlos), ni de casi ninguno de los grandes-temas-recurrentes-de-conversación-entre-mujeres. Así es. Un drama carcelario que nada tiene que ver con *Oz* ni con *Prison Break*, ni con nada que se le parezca. Y sin embargo, real como la vida misma. *Orange Is The New Black* (el color hace referencia irónicamente al uniforme carcelario, que combina con todo, como el negro) narra las desventuras de Piper Chapman (Taylor Schilling), una chica de Nueva York que podría ser amiga de Carrie Bradshaw, totalmente integrada en la sociedad, a punto de casarse y más bien pija, que debe ingresar en prisión para cumplir quince meses de condena por un delito de tráfico de drogas cometido una década atrás, cuando hizo de correo para blanquear dinero con su entonces novia lesbiana.

LA GRAN SORPRESA DE NETFLIX

Con unos pocos años de andadura, esta cadena de televisión por internet a la carta va camino de expandirse por todo el mundo (en España desembarca oficialmente en otoño del 2015). Ofrece ese sueño hecho realidad de todo televidente que permite ver los programas que se quiera (de una carta) cuando se quiera, con calidad, en versión original y sin publicidad por una módica cantidad mensual. Para los más impacientes existe la posibilidad de disponer de toda la temporada de una serie de una vez, de manera que se se acabó eso de esperar semana a semana para ver el capítulo correspondiente.

La cadena produce parte de sus contenidos y puede permitirse apostar por ficciones arriesgadas y diferentes, entre ellas *House of Cards* y *Orange is the New Black*.

LA REALIDAD NO SUPERA A LA FICCIÓN

La serie se basa en el libro de memorias de la auténtica Piper (que en realidad se apellida Kerman y también es rubia), un *best seller* publicado en 2010 en el que narra su experiencia casi extrasensorial tras pasar una temporada «a la sombra» en 1998. Así, la chica bien Piper Chapman se adentra en un mundo desconocido y tremendamente hostil habitado por una galería de personajes que nada tienen que ver con ella ni con su mundo y cuyas historias tienen casi tanto peso en la trama como la de la protagonista. No se trata del acostumbrado drama carcelario donde se tortura a los presos o donde se urden rocambolescos planes para escapar. A veces la gran aventura consiste en hacer que la jefa de la cárcel simplemente te deje comer después de un desafortunado comentario o conseguir hormonas para continuar con tu tratamiento tras un cambio de sexo.

Entre los protagonistas se encuentran su ex (la que la introdujo en el mundo del tráfico de drogas) Alex (Laura Prepon), que cumple condena en la misma cárcel, Tiffany «Pennsatucky» (Taryn Manning), Nicky (Natasha Lyonne), Sophia (Laverne Cox) o el funcionario George (Pablo Schreiber, hermanastro de Liev). A Piper fuera le espera un novio que por supuesto no la merece, interpretado por Jason Biggs (conocido por la saga *American Pie*) y una familia acomodada que pasa bastante de ella.

MUJERES DESESPERADAS

Los capítulos incluyen *flashbacks* de la vida de las presas que explican los delitos cometidos y por qué han ido a parar a la cárcel. Historias variopintas que hablan de locura, marginalidad, drogas, injusticia y violencia. Todo sin una gota de moralina y desde una perspectiva realmente nueva dentro del género carcelario. De la primera temporada cabría destacar la historia de Sophia Burset (Laverne Cox). El capítulo donde se explica su historia antes de entrar en la cárcel fue dirigido por Jodie Foster e interpretado por el hermano gemelo de la actriz haciendo de su alter ego masculino, ya que la actriz es transexual en la vida real.

Aunque el tono aparentemente amable y jocoso de la serie puede engañar en un principio, lo cierto es que *Orange is the New Black* contiene buenas dosis de sexo y violencia, rezuma angustia y poesía y a veces hasta se permite ponerse un pelín sentimental. Ayuda sin duda la gran interpretación de su protagonista, Taylor Schilling, capaz de provocar risa y llanto a la vez sin perder un gramo de verosimilitud y dotando a su personaje de una gran humanidad. Todo un acierto televisivo que se mueve hábilmente a un centímetro de lo grotesco sin traspasar nunca la línea.

CURIOSIDADES (COSAS QUE DEBERÍAS SABER SI ERES SERIÓFILO)

La creadora Jenji Kohan es la responsable también de un éxito televisivo anterior, la serie Weeds, protagonizada también por una mujer pija un tanto al margen de la ley que se dedica a vender marihuana a los vecinos del barrio residencial donde vive.

El actor Pablo Schreiber, el grandísimo Nick Sobotka de *The Wire*, se transforma aquí en George «Pornstache» Mendez, un carcelero capullo, corrupto y abusador que se dedica a hacer la vida imposible a las presas.

Apta: para hombres y mujeres desesperados de verdad, amantes del riesgo televisivo con ganas de ver algo distinto, y delincuentes en general.

No apta: si el ideal de serie femenina es *Sexo en Nueva York*, si no te gustan los bocadillos de tampones usados, las emociones fuertes o la alta cocina rusa.

PRISON BREAK

| FOX | 2005-2009 | 4 temporadas | 79 episodios |

Creador: Paul Scheuring

UN PLAN PARA DEJARSE LA PIEL

Ésta es una serie que la FOX no canceló antes de hora. Su trama es la siguiente: al pobre Lincoln Burrows (Dominic Purcell) lo han metido en la penitenciaría estatal de FOX River, esta cadena no puede evitar hacerse publicidad a toda costa. No lo han metido por haber protagonizado John Doe, sino por matar al hermano de la vicepresidenta de los Estados Unidos. Y le ha caído una pena de muerte. Aunque, en realidad, Lincoln es más inocente que Phoebe, pero lo tiene más crudo que un *Steak Tartar.* Por suerte, tiene un medio hermano pequeño, Michael Scofield (Wentworth Miller) que es ingeniero, trabaja en Chicago, quizá es feliz y aun así lo deja todo para elaborar un sofisticado plan para sacar a su hermanastro de la prisión. Como imaginamos que tiene mala memoria, se lo tatúa y consigue, montando un falso atraco, que lo encierren junto a Lincoln (¿Cómo puede ser malo llamándose como el presidente? Quizá como explica Howard Zinn, porque Abraham fue malo). Les ayuda desde fuera una abogada, amiga de toda la vida, pero unos malvados llamados La Compañía no se lo ponen fácil. En la enfermería de la prisión, el hermano pequeño conocerá a la doctora Sara Tancredi (Sarah Wayne Callies), que además es la hija del gobernador. Michael se hace amigo de Sucre (Amaury Nolasco) y mantendrá las distancias con el psicópata «T-Bag» (Robert Knepper) y el mafioso John Abruzzi (Peter Stormare).

ARCHIVADA EN UN RINCÓN

Como os decíamos, ésta no la cancelaron, pero la FOX hizo un piloto en 2003 y después de verlo lo arrinconó en un armario del sótano. El autor buscó a otros interesados, incluso cambió el formato y pensó en una miniserie de 14 capítulos. Se interesó Spielberg y tipos de esos pero no cuajó. Un año más tarde, cuando la competencia empezó a apretar con *Perdidos* o *24* decidieron subirla del sótano y ponerla en marcha. Y no se equivocaron. Las audiencias fueron fantásticas. La FOX no conseguía esas audiencias un lunes, día de su emisión en Estados Unidos, desde *Melrose Place* o *Ally McBeal*, allí por los noventa. Habían encargado 13 capítulos para la primera temporada y debido al éxito exigieron 9 más. Ahora, corre y hazlos.

BASADA EN HECHOS REALES

En los años sesenta, el estadounidense Robert Hughes fue encerrado por un delito que no había cometido. Su hermano Donald decidió preparar un plan para liberar a su inocente hermano del encierro. Triunfó y huyeron felices del reformatorio y vagaron durante meses como fugitivos y al final comieron perdices y para celebrarlo, escribieron un guión sobre su historia y lo movieron en busca de un productor que hiciera la película, incluso lo enviaron a la FOX. Nada. Años después vieron Prison Break y demandaron a la cadena, al productor y al creador. Sostenían que habían enviado a la FOX ese guión basado en sus propias experiencias. Se llevaron una pasta y se tapó el asunto.

CURIOSIDADES (COSAS QUE DEBERÍAS SABER SI ERES SERIÓFILO)

En 2006 apareció *Prison Break: Proof of inocence*, 26 movisodios de 2 minutos solo para móviles. También existe un videojuego. En 2007 estuvieron a punto de hacer *Prison Break:*

Cherry Hill, e iniciar una franquicia tipo *CSI* con una serie situada en una cárcel de mujeres y una protagonista.

Stacey Keach se pasó seis meses en una cárcel inglesa por un delito que cometió y cómo no hay mal que por bien no venga, se inspiró en el director de la cárcel donde cumplió su condena para hacer su papel.

El infausto psicópata John Wayne Gacy estuvo encerrado en la primera prisión en la que rodaron.

Los rusos hicieron su propia adaptación, reflejando su dura realidad: *Pravda*.

En 2011 T. Bag aparece como personaje en *Breakout Kings*. El punto en común de las dos series es sobretodo Matt Olmstad, productor, y Nick Santora.

Si Michael Scofield aparecía sin camisa necesitaba cuatro o cinco horas para que le aplicaran el tatuaje. Si hubiera sido un tatuaje real, habrían tardado cuatro años en hacérselo, si no se hubiera puesto enfermo. Costaría un pastón y al acabar su hermano estaría muerto.

Apta: para el *Lute* y *Papillón*.
No apta: para claustrofóbicos.

Abogados

ALLY McBEAL

| FOX | 1997-2002 | 5 temporadas | 112 episodios |

Creador: David E. Kelley

Ally McBeal es una de las primeras series de abogados donde los que se dedicaban a aplicar la ley se lo pasaban bomba. Pero no con sus ansias de poder o sus luchas por conseguir la justicia, sino porque bailaban en los lavabos del despacho, tenían antojos surrealistas y pasaban de cualquier asunto pendiente si estaban enamorados.

PERSONAJES EXCÉNTRICOS

Ally, la protagonista, (Calista Flockhart) es una abogada demasiado flaca y neurótica perdida que consigue un trabajo en un gabinete de prestigio de Boston. Su sueño hecho realidad. Pero tiene la mala suerte de que allí también trabaja su antiguo novio del instituto, Billy (Gil Bellows), del que aún está enamorada, como era de esperar, y su mujer, Georgia (Courtney Thorne-Smith), de la que encima, se hace amiga. Billy es el típico buen chico norteamericano, formal y algo aburrido y el personaje más normal de la serie, el que consigue que el bufete no tenga apariencia de manicomio.

UNA ALUCINADA COME-CHUCHES

Además de Ally, que come chuches, se imagina que pasa la lengua por la cara de la gente y encima lo vemos, sueña y se enamora a la velocidad del rayo, tenemos a Richard Fisch (Greg Germann), uno de los propietarios de la firma, que habla con aforismos y sólo piensa en el dinero, y a John (Peter MacNicol) que siempre consigue ganarse al jurado de la manera más estrambótica. La supercotilla Elaine Vassal (Jane Krakowski, Jenna Maroney en *60 Rock*) es la secretaria de Ally, a quien odia como mujer, aunque Ally la perdona, porque la ve débil y egoísta (Ally además de neurótica, enamoradiza y también débil, es ante todo buena persona).

Más dos cheerleaders rabiosas y poderosas

El cuadro lo completan Nelle Porter (Portia de Rossi) y Ling Woo (Lucy Liu), una pareja de abogadas, una morena y una rubia, con aspecto de modelos de pasarela en su máximo esplendor maduro, rabiosas y poderosas, que siempre van a la una y no tienen piedad por el más débil. Las típicas que de pequeñas torturaban animales.

Todo en un tono festivo y poco tenso, ya que los abogados resuelven los casos haciéndose los tontos, cantando o demostrando improbabilidades. Eso sí, en el fondo, son agudos, más inteligentes de lo normal y extremadamente originales.

Abrió la veda a las alucinaciones y las imaginaciones

La serie, sobre todo en las primeras temporadas, tenía numerosas imaginaciones y alucinaciones, casi siempre de la protagonista. De repente, Ally estaba hablando con alguien y aparecía vestida de boxeo recibiendo golpes de su oponente o le apetecía besar a alguien y veíamos como una lengua larga aparecía en la cara del agraciado, como en medio de un cómic.

Vivir cantando es mucho mejor

La música también tiene un papel importante. Los protagonistas, cuando salen del trabajo, se suelen reunir en un bar donde canta Vonda Shepard, que vió relanzada su carrera. Su canción «Searching My Soul» se convirtió en el tema central de la serie. Allí se desestresan y suelen acabar bailando todos juntos.

FAMOSOS EN ESCENA

Tienen también artistas preferidos como Barry White, que apareció en uno de los episodios, gracias a la devoción que tiene John por la canción «You're the First, the Last, My Everything», que baila en el lavabo para recuperar la confianza en sí mismo. E incluso Sting, que en uno de los episodios interpreta «Every Breath You Take» para mayor gloria de Ally.

UN TEMA PARA CADA PERSONAJE

Algunos personajes tienen un «tema» musical que suena cuando está presente (y la historia lo necesita). El de John es el de Barry White, el de Ling, la canción del Mago de Oz dedicada a la bruja malvada del Oeste. Cuando su psicólogo le dice que ella también tiene que tener una canción, Ally elige «Tell Him» de Bert Russell (Berns), que compuso originariamente «Tell Her», pero Leiber y Stoller convirtieron «Tell Him», en un canto al amor y a la necesidad de comunicarlo.

CURIOSIDADES (COSAS QUE DEBERÍAS SABER SI ERES SERIÓFILO)

El personaje de Ally fue muy criticado por las feministas por ser muy dependiente y bastante inepta como abogada, ya que la mayoría de los casos los resuelve con argumentos poco convencionales y sin tener en cuenta la ley. Es neurótica y dubitativa. Hay que decir que es totalmente verdad, pero también lo es que las figuras masculinas de la serie son caricaturas de hombres machistas, poco dados a los sentimientos, altamente patosos socialmente, prepotentes... En realidad todos son un fiasco, pero intentan ser felices.

Además, la extrema delgadez de Calista Florckhart la puso también en el punto de mira de los medios de comunicación. La actriz, que como cotilleo diremos que es la mujer de Harrison Ford, negó repetidamente tener problemas de anorexia o bulimia, pero más tarde reconoció su obsesión por el control sobre su peso durante el rodaje de una de las temporadas.

David E. Kelley, el creador de la serie, es un abogado reconvertido en guionista. Su especialidad, claro, son las series de abogados. Empezó trabajando en L.A. Law, para acabar creando *Ally McBeal, The Practice* y *Boston Legal,* entre otras. Su marca de fábrica son estos personajes excéntricos que luchan por sobrevivir en un mundo del que no acaban de conocer el código, patosos sociales, enamoradizos imposibles y con tendencia a establecer extrañas relaciones de pareja, como la de los protagonistas de *Boston Legal,* que no lo son, pero juegan a que lo parecen. Siguiendo con la sección cotilleo iniciada en párrafo anterior, Kelley es el marido de Michelle Pfeiffer.

Apta: para gente que cree que la vida es mejor bailando.
No apta: para estrictos del suspense y de las series con rigor.

DAMAGES

| FX | 2007-2012 | 5 temporadas | 59 episodios |

Creadores: Daniel Zelman, Glenn y Todd A. Kessler

Es difícil decidirse a escribir algo categórico en el inmenso mundo de la vida seriófila, pero podríamos casi afirmar que nunca una serie sobre abogados fue tan oscura y poderosa como *Damages*. Protagonizada por la siempre genial Glenn Close, en el papel de la potente y poco escrupulosa abogada Patty Hewes, y por su nueva ayudante Ellen Parsons, la actriz Rose Byrne, haciendo de brillantísima estudiante acabada de graduar que accede al trabajo de sus sueños, la serie rompió esquemas en cuanto a originalidad, tensión y acción.

UN TRABAJO TREPIDANTE

De camino hacia el abismo, Ellen, que pretende no renunciar a su código ético recién planchado en una Universidad de élite, se verá envuelta en las ambiguas maquinaciones de su jefa. El recorrido de esta bajada a los infiernos incluye el asesinato de su novio con una figura de bronce de la estatua de la Libertad y su posible implicación en él. Y esto no es un *spoiler*, porque la serie empieza con Ellen manchada de sangre, corriendo medio desnuda y desorientada por las calles de Nueva York.

Damages, que fue producida para el cable —no nos hagamos ilusiones, porque una televisión generalista no la hubiera hecho—, utiliza constantemente el *flashback* y una estructura enloquecida que favorece la sensación de acción trepidante y deja al espectador clavado en el sofá. Incapaz de apartar la vista de la pantalla, éste va muchas veces incluso por delante de los protagonistas, más que nada, para que pueda «sufrir» sin parar.

Temas candentes

Para colmo, en la primera temporada, Patty Hewes, y su bufete, aunque ella es su bufete básicamente, lucha contra un multimillonario, Arthur Frobisher (Ted Danson), que ha sido demandado por sus trabajadores, emulando el caso Enron, empresa responsable del mayor fraude fiscal de la historia. La implacable abogada parece creer que para luchar contra una multinacional, a favor de los trabajadores, se puede utilizar cualquier método, incluso matar al perro de un testimonio para que éste tenga miedo y declare. Para ella el fin, que es bueno, justifica los medios. Y pasa lo de siempre: que cuando uno invoca el fin para hacer lo que le da la gana, la cadena se pervierte, los hechos se disparan y la cosa acaba... No lo vamos a decir, porque, en realidad, no siempre acaba mal, si no su bufete de abogados no sería tan famoso.

Siguiendo con la idea de basar cada temporada en un caso real, la segunda tenía como telón de fondo la crisis energética de California, cuando proveedoras de electricidad forzaron apagones artificiales para elevar los precios. La tercera utilizaba de fuente de inspiración el caso Madoff, en el que se pagaban beneficios a inversores con su propio dinero, aplicando el llamado esquema Ponzi, una estafa piramidal. La cuarta apuntaba a Blackwater, la empresa militar que estuvo en el punto de mira por espionaje, venta de armas, abusos y ejecuciones en Irak, y la quinta está basada en el caso Wikileaks y su fundador, Julian Assange. Un póquer de corrupción inigualable en todos los frentes de la modernidad.

Una tensión fantástica en clave de abogados, con una estética cuidadísima, sólo por ésta vale la pena ver la serie, y una Glenn Close que se sale, como siempre. Poderío.

CURIOSIDADES (COSAS QUE DEBERÍAS SABER SI ERES SERIÓFILO)

Los creadores de la serie, Daniel Zelman, junto a los hermanos Glenn y Todd A. Kessler, firman siempre como ZKZ y son también los productores de la misma. Acaban de estrenar la serie *Bloodline*, más misterio e intriga, pero esta vez sin abogados y con una familia de protagonista.

Glenn Close y Rose Byrne se hicieron amigas, a pesar de las putadas que le hace una a la otra en la ficción. No hay nada como ser manipulado.

Durante el rodaje, los guiones se daban a los actores con muy pocas horas de antelación, lo que provocó algunas protestas.

El año 2007 *Damages* y *Mad Men* fueron las dos primeras series emitidas por cable candidatas a los Emmy. Algo estaba cambiando.

Apta: para los que irían con Glenn Close a cualquier parte, aunque sea al infierno.

No apta: para los que creen que los abogados defienden la ley, que Nueva York es una ciudad tranquila y que a los niños los trae la cigüeña.

SUITS

| USA Network | 2011+ | 6 temporadas | 79 episodios |

Creador: Aaron Korsh

LAS APARIENCIAS ENGAÑAN

El bufete neoyorquino Person-Hardman tiene en su nómina a uno de los mejores abogados de Manhattan, un modelo convertido en actor, Harvey Spector (Gabriel Macht). Empezó en la firma desde abajo y la jefa (Gina Torres, *Firefly*) le pagó la universidad. Y ahora, para agradecérselo, trabaja mucho, pero como le faltan horas, ha decidido contratar a un ayudante. Entonces, ¿por qué pierde el tiempo dedicándose a entrevistar a los candidatos personalmente? Pues lo hace.

Harvey Spector tiene como compañero de fatigas a Mike Ross (Patrick Adams), un chico que tuvo problemas con los caballos y tuvo que dejar Luck, y quizá el contacto con los mafiosos le hizo apartarse de la senda adecuada. Sea como fuere, en esta serie estudió derecho pero no acabó, ya que lo expulsaron, y ahora se dedica a ayudar a aprobar a cualquiera estudiante con dinero y sin cerebro suplantándolo en las pruebas de admisión a la facultad de derecho o a contar cartas en el black Jack o.... Y todo, para ayudar a su abuelita enferma. Además, su mejor amigo es un delincuente y sólo lo aguanta porque está enamorado de su novia y porque le consigue dinero para pagar el hospital, la residencia o cualquier cosa que necesite su abuela.

En un pase de marihuana, la policía hace acto de presencia y Mike tiene que desaparecer. La presión policial, la casualidad y los guionistas, lo meten en la selección de personal de Harvey Spector, y como tiene más memoria que los elefantes

que quedan en el mundo y como ha dejado ya claro Sheldon Cooper, no tiene memoria fotográfica, sino memoria eidética, lo contratan contraviniendo la regla principal de la firma: sólo abogados que hayan estudiado en Harvard y que no lleven bolsas llenas de marihuana. Y lo que Mike acabará aprendiendo es que el mundo de la ley es turbulento y muchas veces muy injusto. Y que su jefe, cuando quiere, puede ser un verdadero delincuente. No como él, que empatiza con la humanidad. Es tan buen chico.

No sé que ponerme para ir a trabajar o cosas que deberías saber si las lees

A medida que transcurre la serie queda más clara la competición por conseguir el mayor tupé y llevar el mejor traje. Tom Ford se encarga del vestuario de hombres, pero también utilizan prendas de otras firmas: Armani, Hermes, Barney... A propósito, como dice Barney Stinson, «Nothing suits me like a suit». Mike viste prendas de Zegna y Louis de Boss, el mejor actor de la serie.

Ellas visten Max Mara, Donna Kara, Óscar de la Renta e incluso Victoria Beckam. Y como en Community, nuestro prota acaba ejerciendo sin título. ¿Cuando le pillen irá a Greendale?

Y todo porque el creador, Aaron Korsh, trabajó un par de años en Wall Street en un banco de inversión y quería contar su experiencia y hablar de sí mismo y de su excelente memoria. Pero para eso están los productores: los de la cadena le dijeron que querían abogados y a él le pareció bien. También había pensado en un jefe y escrito sobre él pero los de antes le aconsejaron que sería más moderno una mujer y al final aceptó. Le costó un poco.

Curiosidades (cosas que deberías saber si eres seriófilo)

Para presentar la segunda temporada Usa Network y la tienda Online Mister Porter organizaron un desfile de modelos y para la siguiente montaron un concurso veraniego y regalaron helados y sortearon bicicletas como la del prota y cosas así.

El proyecto se llamó *A Legal Mind* y hasta unos días antes de empezar a rodar el piloto no le cambiaron el nombre.

Ha mejorado temporada tras temporada.

Apta: para doce hombres sin piedad y 60.000 mujeres justas. A ojo de buen cubero.

No apta: para reos convictos con abogados incompetentes.

THE GOOD WIFE

CBS	2009+	6 temporadas	134 episodios

Creadores: Michelle King y Robert King

Alicia Florrick (Julianna Margulies), una *hockey mom* (o sea, mamá que se pasa el día dando vueltas llevando a sus hijos aquí y allá y haciendo gimnasia o yoga) de la alta sociedad, debe incorporarse a la vida laboral después de quince años de ejercer de ama de casa, cuando su marido, un fiscal, ingresa en prisión acusado de malversación de fondos y de organizar orgías con prostitutas. A lo largo de la serie se convertirá en una abogada competente, dura e inteligente, socia de uno de los bufetes más importantes de Chicago. Las relaciones con sus compañeros de trabajo, sus jefes, los casos que resuelve y su familia son los ejes sobre los que se mueve esta serie, a mayor gloria de la excepcional actriz protagonista.

UNA MUJER COMPLEJA

Bajo una aparente debilidad se esconde una abogada capaz de mantener la serenidad en los momentos más duros y escaquearse hábilmente de la ley cuando haga falta. Sus armas suelen ser la sinceridad y la búsqueda del camino legal más retorcido para defender al cliente o descalificar al adversario. Lo que no se entiende de ningún modo es cómo aguanta sin separarse (o no, a veces, quizá, no queda claro... No vamos a hacer un *spoiler*, pero la realidad, es que no se separa y por eso la serie se llama *The Good Wife*) del pesado de su marido. La paciencia de esta mujer con su matrimonio no tiene límites y tiñe la serie de un halo conservador que nos hace llorar a muchos que la seguimos fervorosamente. Por mucho que ella adore a su hermano gay y *destroyer,* su pasión por mantener a su familia unida es propia del siglo XIX o de una Norteamérica muy conservadora, para qué nos vamos a engañar.

En realidad estamos hablando de una serie coral, que transcurre en su mayoría en el gabinete de abogados y con los casos a los que se enfrentan. A quien le guste el género, se va a quedar enganchado, porque el mundo despiadado, inteligente y duro de la jurisprudencia en la Norteamérica de los jurados, los jueces excéntricos, los fiscales ambiciosos y los grandes casos de corrupción de farmacéuticas, *hackers* o asesinos desfilan ante nuestros ojos a un ritmo trepidante, siempre jugando con los sentimientos y las relaciones entre los personajes.

EL CÓCTEL DE PERSONAJES

The Good Wife apuesta por personajes clásicos, como la propia Alicia, la inteligente y madura Diane Lockhart (Christine Baranski), el despiadado y brillante Will Gardner (Josh Charles), su amor de juventud, o Cary Agos (Matt Czuchry), con el que compite para conseguir el trabajo, que se lo ha currado y no soporta que la enchufada le pase delante. Pero también incluye personajes un poco excéntricos que le dan un toque más contemporáneo. Entre ellos, destacaremos a Kalinda Sharma (Archie Panjabi), una detective con *look* de heroína de cómic, botas negras incluidas, bisexual y experta en artes marciales, que no tiene ningún miedo a la ley (ni a saltársela). También está Eli Gold (Alan Cumming), el responsable de comunicación del marido de Alicia, ambicioso, estratega, cínico, un tanto perdedor y muy conservador. Un personaje que el actor borda. Lo mismo que la loca Elsbeth Tascioni (Carrie Preston), una abogada medio hippie, medio síndrome del despiste crónico, que sorprende con sus tácticas divagantes que la conducen siempre al centro del problema.

CURIOSIDADES (COSAS QUE DEBERÍAS SABER SI ERES SERIÓFILO)

Julianna Margulies es también la ex enfermera Carol Hathaway que se intentaba suicidar por culpa de George Clooney, una buena razón la tiene cualquiera, en *Urgencias*, papel por el que ganó su primer Emmy. Lleva siempre una peluca, más cara que algunos de los decorados, para que la veamos en versión «pelo liso» sin tenerse que pasar cinco horas de intensivo peluquería antes de cada rodaje.

Su marido, interpretado por Chris Noth, también era Mr. Big, el horrible novio publicista y egoísta de Carrie en *Sex in the City*.

Se dice y se comenta que Julianna Margulies y Archie Panjabi (Kalinda) no se pueden ver. La animadversión de la una por la otra era tal que en las últimas tres temporadas no salen juntas en una misma secuencia (hay que tener en cuenta, que además de protagonista, Julianna es también productora ejecutiva). Hasta en uno de los últimos capítulos, en el que coinciden en un bar. Todo el mundo estaba a la expectativa de qué pasaría. Al final, la escena se rodó con cada actriz por separado y después se montó para que pareciera que sí, que las grandes amigas estaban allí, compartiendo un merecido whisky, igual que en la primera temporada. Qué tiempos aquellos.

El punto de partida de la serie probablemente se inspira en el caso real de Eliot Spitzer, quien renunció a ser gobernador de Nueva York tras haberse filtrado que había contratado servicios de prostitutas. Su mujer también lo apoyó y se hizo famoso.

Apta: para gente que sueña con decir «protesto» o «no, mi señoría» en un juicio, si puede ser en Chicago, que aquí sin el jurado, no luce tanto.

No apta: para feministas que no soportan a las mujeres que aguantan a maridos impresentables. La «paciencia» de Alicia con el suyo les producirá tal irritación que no podrán disfrutar del resto.

¿Jugamos a médicos?

ANATOMÍA DE GREY
(GREY'S ANATOMY)

ABC	2005+	12 temporadas	252 episodios

Creadora: Shonda Rimes

¿Cómo sobrevivir a que tu madre sea una gran cirujana y haya escrito un cacho tomo sobre medicina, libro de referencia donde los haya, para todos los estudiantes de idem? Pues estudiando medicina, mientras intentas superar tus múltiples carencias afectivas provocadas por la falta de atención materna. Porque, seamos claros, o uno se ocupa de sus hijos o triunfa en el mundo de la medicina, pero las dos cosas a la vez son muy difíciles de conseguir en esta sociedad. Lo sabe muy bien Meredith (Ellen Pompeo), la protagonista de *Anatomía de Grey*, una de las series de médicos más populares de la última década (superada sólo por *Urgencias*), que sólo vio a su madre, un personaje ausente, un tanto rígido y extremadamente puntilloso que planea sobre las primeras temporadas, de uvas a peras. Esto no le ha impedido querer ser médico. Y allí está en el primer capítulo entrando como interna en el Seattle Grace Hospital, dispuesta a luchar por conseguir un lugar en el mundo de la medicina.

DONDE PONGAS LA OLLA...

Anatomía de Grey pone el foco en los internos, esos jóvenes con ganas de cambiar el mundo y demostrar que son los mejores, que entran un día en un hospital y se quedan a vivir allí unos años, haciendo miles de horas.

Sus vidas sentimentales, la mayoría de las veces con gente de dentro del hospital o compañeros de fatigas, sus aspiraciones profesionales y las relaciones con sus jefes son el eje de la serie, junto con las historias de los enfermos que entran y la de algunos de los jefes del hospital, puntos de referencia y de amor-odio por parte de los internos. Lleva ya la friolera de once temporadas en antena y aunque ha sido acusada de sentimentaloide en numerosas ocasiones, se ha conseguido mantener como serie de súper gran formato, para algo la emite una cadena generalista, inteligente y distraída.

CAMBIOS SIN COMPLEJOS

Quizá la clave, además de unos personajes muy bien trazados y la capacidad de los guionistas de cambiarlos cuando ha sido necesario, sea huir del pesimismo y el drama que impregnan algunas series de médicos, y apostar por una visión del mundo más positiva. Lo consigue gracias a la juventud de sus personajes principales y a sus ansias de competir y hacerse todo tipo de jugarretas. No todos los personajes quieren dedicarse a salvar vidas, también los hay que preferirían la cirugía plástica y hacerse millonarios y otros que deliran por convertirse en dioses del quirófano, vanitas vanitatis. Esto la hace un poco más frívola y así el espectador no piensa tanto en las enfermedades, como en el juego de la vida. Eso sí, dentro de un hospital, un lugar plagado de sentimientos y de historias.

CURIOSIDADES (COSAS QUE DEBERÍAS SABER SI ERES SERIÓFILO)

Originariamente la serie debía pasar en Chicago, ciudad natal de la creadora, pero se trasladó a Seattle, porque *Urgencias* transcurre en Chicago y ya hacía tiempo que se emitía cuando empezó *Anatomía de Grey*.

Cada capítulo empieza y acaba con la voz de la narradora, Meredith, la protagonista, que nos explica lo que siente al

principio del capítulo y acaba cerrando con una «moraleja» que contradice, comenta o aporta algo a lo que hemos oído al principio.

El personaje interpretado por Kate Walsh, Addison Shepherd, solo iba a aparecer en cinco capítulos pero gracias al apoyo de los fans se quedó varias temporadas. De su personaje surgió un *spin-off Private Practice*, aún más ligera que la anterior.

El libro existe en realidad. Se llama *Grey's Anatomy of Human Body*.

Cada capítulo lleva por título el nombre de alguna canción, con preferencia por The Beatles y R.E.M.

El actor Isaiah Washington, que interpretaba al doctor Preston, fue despedido por tener una actitud homófoba con el actor T.R. Knight (Dr. George O'Malley), quien después del incidente salió del armario. Isaiah Washington acusó a la cadena de despedirlo por ser afro-americano «a un afro-americano no se le aceptan las disculpas». En fin.

Apta: para los que gustan de la televisión como distracción pura y dura, y si hay algún punto de sutura, mejor.
No apta: para hipocondríacos y alérgicos a lo sentimental, en general.

HOUSE

| FOX | 2004-2012 | 8 temporadas | 177 episodios |

Creador: David Shore

El doctor Gregory House (Hugh Laurie) ha reinado durante casi una década en la ficción televisiva internacional. Pertrechado con su inseparable bastón, calzando zapatillas deportivas y repartiendo estopa a diestro y siniestro, el galeno más famoso del mundo se despidió hace unos años de las pantallas pero aún hoy sigue siendo un referente porque ha pasado a ser ya un villano que forma parte de la cultura popular, como J. R., Tony Soprano o Angela Channing.

TODO EL MUNDO MIENTE

Contra todo pronóstico, más de ochenta millones de personas en todo el mundo han seguido las aventuras y desventuras de este polémico doctor, centro absoluto de la serie. La descripción de su protagonista no puede ser más negativa. El doctor House no tiene nada que ver con los médicos de ficción a los que nos tenían acostumbrados; personas cándidas, caritativas, abnegados hijos de la clase trabajadora, estudiosos y estresados con un denominador común: su desmesurado amor por el prójimo.

El doctor House es un brillante científico, nefrólogo y algunas cosas más, especialista en diagnósticos complicados, más interesado en las enfermedades raras (el lupus ha pasado a formar parte del vocabulario popular gracias a él), las bacterias, los virus y las células malignas que en las personas que las padecen. Por si fuera poco, es cojo, algo mayor, no precisamente un bellezón (aunque su inmensa popularidad le ha permitido incluso ser la imagen de una archifamosa marca de cosmética), solitario, prepotente, cínico y adicto a la vicodina. Su máxima es «todo el mundo miente». En resumidas cuentas, el doctor House es un auténtico capullo.

Cualquier ejecutivo de televisión habría tenido sus reservas a la hora de producir una serie con un protagonista así, que difícilmente despertaría las simpatías del público y haría difícil la mitificada identificación del espectador medio con el personaje. Y sin embargo ahí está él. Admirado, imitado, homenajeado... ¿Por qué nos gusta *House*? Hay dos respuestas posibles: o en nuestra experiencia hemos sufrido doctores como él, que se creían dioses, o nos gustan los malos. Siempre que tengan algo bueno, claro. Así como Dexter es un asesino en serie pero solo mata a asesinos, el doctor House es un amargado y un tocapelotas insoportable, pero siempre acierta en el diagnóstico porque en lo suyo es el mejor. Es un genio. El puto amo. Punto. Y en el fondo (todos lo sospechamos desde el capítulo piloto) también tiene su corazoncito maltratado. Y está enamorado de su jefa, la doctora Lisa Cuddy (Lisa Edelstein).

Sherlock Holmes versus doctor House

Mucho se ha hablado de los parecidos razonables del buen doctor con otro personaje clásico: el detective Sherlock Holmes. El creador de la serie ha admitido sin reparos su devoción por el detective y es fácil establecer paralelismos entre los dos personajes: tanto Sherlock Holmes como el doctor House son adictos a diferentes sustancias, son genios a la hora de aplicar los métodos de deducción para resolver enigmas, ya sean crímenes o enfermedades extrañas, ambos son aficionados a la música (House toca el piano y la guitarra) y por último, la relación entre el doctor House y su compañero y amigo, el doctor Wilson (Robert Sean Leonard) es bastante parecida a la que el detective mantiene con el famoso doctor Watson (la coinci-

dencia de las iniciales de los dos nombres tampoco es una casualidad). Además a lo largo de la serie aparecen personajes y
guiños constantes al universo de Sherlock Holmes, como por
ejemplo el número de apartamento donde vive House, que es
el 221B, el mismo de la conocida vivienda londinense de Baker
Street donde se supone que vivía Sherlock Holmes.

En defensa del paciente

House tiene muchas cualidades, es una serie ágil, original en su planteamiento y con unos personajes con gancho. Pero no nos engañemos, con lo que de verdad se disfruta es con los dardos afilados y certeros que el doctor lanza a los demás personajes y especialmente a sus sufridos pacientes. Y es que quién no ha soñado que su médico de confianza le pregunta algo como... «Fiebre, debilidad, pérdida de apetito... ¿ha practicado sexo anal con algún heroinómano recientemente?»

Curiosidades (cosas que deberías saber si eres seriófilo)

El director de cine Bryan Singer (*Sospechosos habituales, X-Men*) es uno de los productores ejecutivos de la serie y dirigió el piloto y el tercer episodio de la primea temporada (llamado *La navaja de Ockham*). También aparece brevemente en el capítulo número 12.

El tema original de apertura (en su versión americana) está compuesto por las partes instrumentales de la canción «Teardrop», de la banda británica Massive Attack. Su comienzo, imitando los sonidos de los latidos del corazón, quedará por siempre asociado a los créditos de *House*.

Apta: para médicos que reniegan del juramento hipocrático, enfermos de lupus, drogadictos, gente con mala leche en general.

No apta: para hipocondríacos y médicos con fronteras.

NIP/TUCK

| FX | 2003-2010 | 6 temporadas | 100 episodios |

Creador: Ryan Murphy

Si hay una máxima que rige *Nip/Tuck* esta es sin duda el «más estrambótico todavía». Nos encontramos ante una serie original en sus planteamientos, arriesgada en sus historias y tremendamente rocambolesca en su evolución a lo largo y ancho de su centenar de capítulos. Imposible resumir lo que sucede en *Nip/Tuck* porque en *Nip/Tuck* pasa absolutamente de todo. Y sin límites.

GUAPOS, SOCIOS Y RESIDENTES EN MIAMI

Los protagonistas de este arriesgado teorema televisivo son dos cirujanos de mediana edad, amigos desde la época universitaria, que viven en Miami (las primeras temporadas, porque luego se mudan a Los Ángeles) y regentan una prestigiosa clínica de cirugía plástica. Christian Troy (Julian McMahon) es un soltero mujeriego, guapo, pijo e incomprendido que en el fondo busca un poco de estabilidad (sobre todo con Julia, la mujer de su socio, de la que había estado algo enamorado en su juventud). Sean McNamara (Dylan Walsh) es menos guapo pero aparentemente es mejor persona. Padre de familia, está casado con su novia de toda la vida, Julia (Joely Richardson), con la que tiene dos hijos. Julia es una mujer inteligente y centrada que cometió el error de abandonar los estudios de medicina para dedicarse al cuidado de los hijos. Sin embargo la crisis de los 40 acecha y Sean empezará a cuestionarse su ordenada vida familiar mientras empieza a envidiar en secreto la vida salvaje y descontrolada de su socio. Menos mal que en todo este tinglado hay un personaje algo más centrado y lúci-

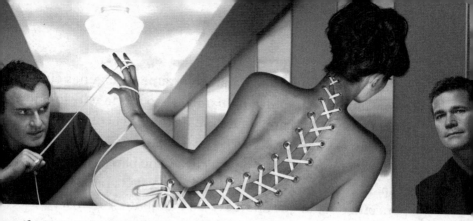

do, capaz de decir a los doctores verdades como puños: se trata de la anestesióloga de la clínia, Liz (Roma Maffia), una cuarentona lesbiana y sabia con bastante sentido del humor.

TETAS, CULOS Y ESCÁNDALO (SIN ÁNIMO DE OFENDER)

Todos los capítulos empiezan con los dos famosos doctores enfundados en sus batas recién planchadas preguntando a su paciente lo que no le gusta de su cuerpo («tell me what you don't like about yourself»). Y esa pregunta abre la puerta a una auténtica parada de monstruos-pacientes, a cual más desquiciado (el nombre del paciente da título a cada capítulo): peligrosos delincuentes que quieren cambiar de rostro y renacer con una nueva identidad, señoras aburridas adictas a los retoques plásticos más inimaginables, un hombre que quiere reducirse el pene porque se ha hecho adicto a la autofelación, o víctimas de «The Carver», un asesino en serie que desfigura a sus víctimas (todas ellas de una belleza espectacular) dibujándoles la «sonrisa de Glasgow» y dejándolas como un mapa.

Sea cual sea la petición del paciente allí están los doctores Troy/McNamara para hacerla realidad bisturí en mano al son de la música *fashion* que suena en el quirófano. Por algo la banda sonora, cuidadísima y selecta, es uno de los grandes aciertos de la serie empezando por la canción que acompaña a los títulos de crédito: «A Pefect Lie, de The Engine Room».

El sexo es el otro gran reclamo de *Nip/Tuck*, y no porque haya demasiadas escenas explícitas (culos y tetas perfectas y poco más), sino porque se tratan abiertamente algunas cuestiones y tabúes que nunca habíamos visto por la tele, lo que provocó bastante escándalo tras su estreno y la colocó directamente en el podio de las series de culto.

Con el tiempo y vista en perspectiva ya no parece tan escandalosa, ni es tan «de culto», pero aún así vale la pena revisarla para entender lo que aportó en su momento. Y nunca viene mal recrearse la vista con el desfile de cuerpos bronceados y perfectos que pululan por ese microcosmos de Miami donde la locura y la estética se dan la mano.

CURIOSIDADES (COSAS QUE DEBERÍAS SABER SI ERES SERIÓFILO)

Ryan Murphy, el creador, es también el responsable de la exitosa serie musical *Glee* y de la inexplicable saga de *American Horror Story*. Como se puede ver no es un creador cualquiera y es capaz de imprimir su sello personal y originalísimo en todos los géneros que toca. Gustará más o menos pero es de agradecer su capacidad de innovar y arriesgar, que parece no tener límites. Es uno de los grandes nombres de la televisión en la actualidad.

Por la consulta de Troy y McNamara han pasado pacientes ilustres como Catherine Deneuve, Jacqueline Bisset, Melanie Griffith, Brooke Shields, Rosie O'Donnell, Peter Dinklage (el acondroplásico de *Juego de tronos*) o Alanis Morrisette. Glamour total. La gran Vanessa Redgrave interpreta a la madre de Julia, que es su hija en la vida real. Da vida a una psicóloga hípercontroladora y juntas tienen algunas escenas memorables.

Apta: para morbosos, adictos al sexo, liposuccionados, amantes del glamour y del bótox.
No apta: para fans de las series de hospitales clásicas, célibes, aprensivos y cejijuntos.

URGENCIAS (E.R.)

NBC	1994-2009	15 temporadas	331 episodios

Creador: Michael Crichton

Urgencias es la gran serie de hospitales. Ni más ni menos. Con 15 temporadas y 331 capítulos ha sido el segundo programa de televisión con más nominaciones Emmy de la historia, 124, solo por detrás de *Saturday Night Live*. Y si hablamos de su impresionante *casting*, repleto de estrellas del cine y de la televisión, nos damos cuenta de su trascendencia. Y es que los dos dinosaurios que iniciaron el proyecto, Michael Crichton y Steven Spielberg, siempre han jugado a lo grande. ¿Pero las series de hospital no son solo doctores y enfermeras enrollándose? No, eso vino luego.

Del ¿qué me pasa, doctor? al ¡20 miligramos de epinefrina!

La serie transcurre en Chicago, en la salas de urgencias del County General Hospital (de aquí el título original, E.R. (*Emergency Room*)) y en su momento ocupó la vacante que había dejado en 1988 la serie *St. Elsewhere*, de la que en parte es heredera. Pero en *Urgencias* no hay consultas médicas de ambulatorio ni existe el ritmo pausado. Aquí el trepidante ritmo de los casos que se presentan provoca que todo sea intenso, acelerado, extremo. Vemos a los enfermeros y a los de la ambulancia trasladando heridos en camilla por los pasillos del hospital mientras gritan consignas y nombres de medicamentos desconocidos (aquí la jerga técnica es importantísima). Son situaciones que normalmente tienen correlación con las historias de los médicos que los atienden (qué casualidad...). Y aunque también hay ramalazos de humor y distensión, en el

County General se viene a sufrir. Pero nos gusta porque habla de la vida y de la muerte. Y de los trabajadores del hospital. Y nos gusta que éstos sean, a pesar de sus defectos, personas honestas, íntegras, capaces, trabajadoras. Nos entusiasma que las personas a las que confiamos nuestra salud sean como ellos.

CUANDO CRICHTON DESPERTÓ, SPIELBERG ESTABA ALLÍ

Aunque la serie se emitió por primera vez en 1994, la idea original ya estaba en un guión de película del año 1974 que había escrito el prolífico Michael Crichton narrando su experiencia de médico residente. Pero nadie le hizo caso. No fue hasta 1990, con la publicación de la novela *Parque Jurásico*, que Spielberg y él iniciaron una fructífera colaboración. Después de la aclamada película de dinosaurios, de 1993, se dedicaron al otro monstruo que tenían entre manos: el guión de *Urgencias*. La entrada de Spielberg en el proyecto fue clave: se decidió convertir la historia en un doble capítulo piloto para televisión y se dió la producción ejecutiva al experimentado John Wells (*El ala oeste, Southland, Shameless*). Entonces la NBC lo tuvo claro y apostó por ellos. Y aunque Spielberg solo ejerció de productor durante la primera temporada, tuvo tiempo de cambiar el destino de uno de los personajes más importantes: evitó que Carol Hathaway (Julianna Margulies) muriera al final del primer capítulo. ¡Gracias, Steven!

¿ES UN LISTÍN TELEFÓNICO? NO, ES EL *CASTING* DE *URGENCIAS*.

Es casi imposible saber cuántos actores han pasado por la serie. Solo un dato: ninguno de los actores principales estuvo presente durante las quince temporadas que duró. Solo seis personajes (muy) secundarios aguantaron desde el primer día: tres enfermeras, un enfermero y dos paramédicos. Todo un mérito. Lo que sí es es cierto es que algunos de los protagonistas se han convertido en estrellas mundiales. Quizá los dos

más importantes son Julianna Margulies (Alicia Florrick en *The Good Wife*) y George Clooney. Su despedida aún es recordada (y llorada), aunque en la última temporada accedieron a volver para despedir la serie. Los dos aparecieron en un capítulo titulado «Old Times», escrito y dirigido por uno de los jefazos, John Wells. En él también se recupera a los doctores Carter (Noah Wyle) y Benton (Eriq LaSalle), dos pilares de la serie, e intervienen dos clásicos del cine: Ernest Borgnine y Susan Sarandon. Y es que *Urgencias*, aparte de sus personajes regulares, también ha sido una serie con una larga lista de actores invitados. Estos son algunos de ellos, que además fueron nominados a los Emmy: William H.Macy, Ewan McGregor, Alan Alda, James Woods, James Cromwell, Forest Whitaker o Don Cheadle. Sally Field y Ray Liotta lo ganaron. Ah, y Ewan McGregor es la única nominación a los Emmy que tiene (eso fue en 1997).

CURIOSIDADES (COSAS QUE DEBERÍAS SABER SI ERES SERIÓFILO)

Durante cinco años (1994-1999) se disputó el primer puesto de la audiencia en EEUU con *Seinfeld*, también de la NBC. Fueron años dorados que duraron hasta la octava temporada, con la práctica desaparición de gran parte del elenco inicial (y alguna muerte emblemática). Ante la bajada de audiencia, la cadena introdujo actores más jóvenes como recambio y en 2006 hasta contrataron a John Stamos, en qué estaban pensando, para luchar contra las nuevas series de médicos, *House y Anatomía de Grey*. Fue irrelevante. En 2007 *Urgencias* ocupaba un indigno puesto 54 en el ránking de las emisiones más vistas y se decidió su cancelación.

> **Apta:** para los que quieran ver una serie de televisión clásica, con buenos personajes, buenas historias y bien contada, al menos durante sus primeras ocho temporadas. Fans del George Clooney con la cabeza más ladeada.
>
> **No apta:** para los que se marean cuando ven una gota de sangre o son alérgicos a las historias humanas, sensibles y emocionantes.

Pan y circo

FRIDAY NIGHT LIGHTS

| NBC | 2006-2011 | 5 temporadas | 76 episodios |

Creador: H.G. Bissinger   Adaptador: Peter Berg

PRÓLOGO

Friday Night Lights: A town, a team, a dream es un libro de H. G. Bissinger que tuvo tanto éxito en Estados Unidos que hasta Oprah habló de él. Y como todos sabemos, de que la Winfrey lo comente a que hagan una película sólo hay un paso. La industria lo dio y la estrenó con Billy Bob Thornton, el de Fargo. Con todo lo dicho, no fue un gran éxito, y no porque fuera mala, sino porque trata de un deporte que sólo lo practican ellos. El fútbol americano es esa especie de rugby acorazado que hemos visto en muchas películas, cuando la familia y los amigos se reúnen para ver la Super Bowl.

TOUCHDOWN SUENA LITERALMENTE PERVERSO

Friday Night Lights es la típica serie de deportes de instituto, si vives en Estados Unidos. Si por casualidad eres de cualquier otro lugar del mundo, es una marcianada. Y ya que tenemos tiempo vamos a aclarar una cosa: ¿Qué es el fútbol americano? ¿Brasil, Uruguay? ¿Argentina? ¿México? No. Es un especie de rugby con armadura. Fútbol está claro que no. En todo el equipo sólo hay un jugador que sabe pegarle con el pie. El resto son unos patosos incapaces de meterla entre dos palos. Ahora bien, es curioso cómo nos parecemos las personas seamos de donde seamos. Y aunque jueguen a eso, siguen teniendo problemas, deseos y felicidad escasa... los entendemos.

Por suerte, la serie no va sobre jugadores profesionales, como los que cuida la doctora en Necessary Roughness o los de la agencia de Ballers, ni de los equipos universitarios semilleros de la liga profesional y bajo contrato televisivo. La serie va sobre un equipo de un instituto de Texas exactamente en un pueblo llamado Dillon. No penséis que es una trivialidad. El orgullo del pueblo está en manos de esos críos del instituto y la presión que soportan no es solo por parte de su entrenador o de algún padre fanático. En ese pueblo, los medios de comunicación, radios, teles locales, periódicos, camareros, están sobre ellos. Para sus habitantes, el fútbol americano no es solo un entretenimiento, es una forma de vida. La única significativa que puede generar un pueblo pequeño.

La llegada de Eric Taylor (Kyle Chandler), el nuevo entrenador de los Panthers, revolucionará el pueblo, dividido entre los que creen en sus nuevas ideas y los que están convencidos que hundirá al equipo. Llega con su mujer Tami (Connie Britton) un ama de casa convencional que poco a poco se irá independizando, pero con la que siempre formará la pareja perfecta, y su hija Julie (Aimee Teegarden), que está más que harta de mudarse de estado en estado y de pueblo en pueblo por culpa del trabajo de su padre.

Al entrenador se le complica el futuro cuando pierde a su estrella y tiene que reconstruir el equipo y convertirse en un guía que los lleve a la victoria, un trabajador social, un con-

sejero sentimental y hasta una madre si hace falta y lo más importante: tiene que encontrar un nuevo quatterback. Será Matt Sarracen. (Zack Gilford), un jugador inseguro y tímido, uno de esos a los que les gustaría ser invisibles, a menudo más preocupado por su abuela enferma, que de lo que sucede en el campo.

La apacible vida de pueblo

Jugadores con familias desestructuradas, como la de Tim Riggins (Taylor Kitsch), el robaplanos y *fullback*, cínico asocial, pero de mala conciencia y buen corazón, y todos sus compañeros esperando triunfar en el deporte para salir de la miseria o sobreviviendo en Texas esperando en ese pequeño pueblo a que acabe el instituto para marcharse a la universidad.

La segunda temporada fue la más floja, por culpa de la huelga de guionistas, y sobre todo por la subtrama del primo de Matt Damon, y a pesar de las magníficas críticas que recibió por la primera temporada, puso fin a su emisión en la NBC. Y de nuevo, los fans se enfadaron, presionaron a la cadena para que volviera a emitirla, y fue tan grande el jaleo que al final llegaron a un acuerdo para tres temporadas más con Direct TV. El mismo canal que salvó a *Damages*, decidió darle continuidad y poner a Jason Katims de poductor.

Curiosidades (cosas que deberías saber si eres seriófilo)

En 2010 fueron finalistas en los Emmy, Kyle y Connie, la pareja perfecta. Perdieron. Pero ganaron el Peabody. 2011 los tuvo de nuevo en la final junto al productor y guionista Jason Katims. Se llevaron a Dillon dos Emmys: Mejor serie y mejor actor. Connie no tuvo suerte y se echó al cante (en *Nashville*).

Apta: para amantes de las pasiones.
No apta: para nacionalistas ni pedagogos.

Con disfraz de antiguos

DOWNTON ABBEY

| ITV | 2010-2012 | 6 temporadas | 46 episodios |

Creador: Julian Fellowes

Downton Abbey podría ser una fiel adaptación de alguna obra clásica a las que tan bien acostumbrados nos tiene la ficción británica, una de esas cuidadas miniseries que ya son marca de la casa, especialmente de la BBC. Sin embargo no se basa en ninguna obra magna firmada por Jane Austen, y ni siquiera es de la BBC, aunque está claro que ha sido concebida a imagen y semejanza de esas grandes producciones que pueden hacer que una velada de sábado aburrida se convierta en una fiesta.

ARRIBA Y ABAJO RELOADED

Su creador, guionista de la aclamada *Gosford Park*, no es nuevo es esto de contar historias sobre aristócratas y sirvientes, y qué bien lo hace. *Downton Abbey* narra las aventuras y desventuras de la familia Crowley, un conde felizmente casado (Hugh Bonneville) con Cora (Elizabeth McGovern) que vive en un castillito o abadía de incontables habitaciones (el que da nombre a la serie) con sus tres hijas, un golden retriever y un montón de sirvientes entre cocineras, mayordomos, chófer y jardineros. Con este esquema es inevitable pensar en la predecesora y mítica *Arriba y abajo*, y no son pocas las diferencias de planteamiento, aunque el estilo es completamente distinto.

La primera temporada arranca cuando el heredero de la familia Crawley perece en el naufragio del *Titanic* y la responsabilidad recae en Matthew (Dan Stevens), un primo lejano del

conde de clase media (¡qué horror!) que es abogado y encima… tiene la mala costumbre de trabajar. Para colmo de los males el joven se enamora de la hija mayor del conde, lady Mary (Michelle Dockery, la más «pija»), la joya de la familia. La historia de amor de la pareja es uno de los ejes de la serie, así como las desventuras de las otras dos hijas del conde: Edith (Laura Carmichael, la «feucha») y Sybill (Jessica Brown-Findlay, la «rebelde»). Además del bondadoso conde, completa el cuadro aristocrático su madre, la condesa de Grantham (Maggie Smith). Este personaje, la matriarca de la familia, representa como ningún otro los valores de una clase privilegiada destinada a perder su forma de vida que se resiste a adaptarse a cualquier cambio. Sus líneas de diálogo, las mejores de la serie por su fina ironía y a veces su mala leche, han pasado ya a la historia de la televisión: «¿qué es un fin de semana?».

SI MARX LEVANTARA LA CABEZA

En el otro lado, o abajo, muy abajo, mejor dicho, se encuentra la servidumbre con el fiel mayordomo Mr Carson (Jim Carter) y la ama de llaves Mrs Hughes (Phillys Logan) a la cabeza. Se mueven como ratones amaestrados por la casa y saltan de sus asientos cuando suena la campanita correspondiente mientras intentan ser felices con sus miserables vidas sacando brillo a la plata ajena sin preguntarse cómo es que el mundo es tan injusto y cómo es que hay quienes tienen tanto y quienes no tienen nada.

En *Downton Abbey* no hay acritud, los ricos son tan bondadosos y se preocupan tanto por sus trabajadores que parece que los hayan adoptado. A cambio, reciben grandes dosis de lealtad y dedicación... aunque también albergan en el castillo algún que otro traidor y resentido. Pero incluso la lucha de clases es elegante y no hay que perder nunca las formas y respetar la hora del te.

Aunque en las diferentes temporadas el marco de fondo pueda ser tan poderoso como la Primera Guerra Mundial, la gripe española o el conflicto irlandés, en la abadía se siguen sucediendo las historias de amor, los celos, y los asuntos familiares. Las almas que la habitan se mueven al ritmo de un folletín de época elegantemente envuelto y servido para entretener. Su éxito en todo el mundo, incluidos los Estados Unidos (la serie ha arrebatado varios Emmys y Globos de Oro a las producciones americanas más ambiciosas) habla por ella.

CURIOSIDADES (COSAS QUE DEBERÍAS SABER SI ERES SERIÓFILO)

La grandiosa Shirley MacLaine se incorpora en la tercera temporada a la serie dando vida a la madre de Cora. La aristócrata viene a visitarlos desde la moderna América para reírse del modo de vida rancio y pomposo de sus parientes ingleses y, sobre todo, para soltarle frescas a Violet, la condesa interpretada por Maggie Smith. El duelo de lenguas afiladas es mítico.

La verdadera mansión utilizada en el rodaje, el imponente castillo de Highclere, se encuentra en realidad en Hampshire, y se puede visitar. No, no está en venta.

Apta: para amantes del glamour inglés, el culebrón comedido y los cuentos de Sissi Emperatriz.
No apta: para marxistas, dickensianos y diabéticos.

ROMA

| HBO | 2005-2007 | 2 temporadas | 22 episodios |

Creadores: John Milius, William J. Macdonald, David Frankel,
Adrian Hodges, Alexandra Cunninghan y Bruno Heller.

Una de romanos

John Milius, el creador de la famosa frase: «Alégrame el día», utilizada y parodiada por todo el mundo, y a la que los de Siniestro Total le añadirían «torero», guionista de *Apocalipsis Now,* director de *Conan* y culpable de que Terminator fuera gobernador de California, el mismo que se define como «maoista, anarquista zen» y autor de muchas cosas más, le pasó lo que al personaje de Matt Le Blanc en *Episodes*, el contable lo estafó y lo dejó en la ruina. Entonces tuvo que buscar trabajo para pagar la carrera a su hijo, que quería ser abogado. Pobre. Ni corto ni perezoso, pidió trabajo en *Deadwood*, que es una serie del oeste que emitía la HBO y que como a nosotros, le gustaba, y se lo dieron, pero al cabo de poco tiempo a los de la productora les supo mal tener a John Milius fichando y pasándose ocho horas en la oficina y suponemos que a él también y se marchó.

Total, seguía necesitando dinero y él es un hombre de acción. Visto el panorama, se alió con William J. McDonald, y se fue a la HBO a ofrecer Roma. A los productores les pareció una bacanal, así que le dijeron que sí, pero como le tienen un poco de miedo a lo histórico decidieron aliarse con unos profesionales, la BBC. Cuantos más, mejor y más barato. Además, todo el mundo sabe que los ingleses tienen la mano rota con el peplum y las falditas cortas. Y todas esas series desde *Yo, Claudio* hasta *Plebs* lo confirman.

Como el espectador estadounidense está acostumbrado a ver a esos tíos con faldita hablando como los hijos de la pérfida Albión, en *Roma* la mayoría de los actores son ingleses. Animales de costumbres. Y con ellos llegó un guionista inglés, Bruno Heller. El rodaje se llevó a cabo en los estudios de Cinecitta, en Roma, implicando también en la producción a la RAI. Abaratando un poquito más una producción carísima. Sólo dos temporadas y sólo veintidós capítulos para una de las series con el presupuesto más alto en aquellos tiempos. Y en estos.

Alea jacta est

Julio César, en sus comentarios sobre la guerra de las galias, menciona de pasada a dos centuriones romanos, Tito Pullo y Lucio Voreno, y comenta que rivalizaban entre sí. Los guionistas utilizaron sus nombres para crear los dos personajes comunes que protagonizan la serie.

La historia empieza hace dos mil quinientos años. Obelix no ha podido hacer nada y Cayo Julio César ha derrotado a Vercingetorix, y ahíto de poder, decide cambiar la República por el Imperio, el senado por un dictador y empieza su lucha con Pompeyo. Todo muy verosímil, aunque no muy exacto.

Y tal como es Milius, ya os podéis imaginar que no se corta cuando hay escenas de sexo y violencia, aunque quizá no es al único que le gustan. Curiosamente, sólo en uno de los tres países productores se ha podido ver la serie sin censura. La RAI consideró que los diálogos eran muy soeces y lo arregló con el doblaje. Y durante el rodaje, las escenas más subidas de tono, las grabó desde otro ángulo, ya pensando en la emisión italiana.

La BBC cogió los tres primeros episodios, que, por cierto, los había dirigido Michael Apted, y los convirtió por arte de magia en dos, cortando algunas historias secundarias, pero dejando todo el sexo y toda la violencia. La excusa de la BBC fue que el público británico no era como el americano y se sabía de pe a pa la historia de Roma. Nosotros lo hemos sufrido, dijeron los más veteranos. Apted se cabreó y con razón. *Nihil novum sub sole.*

Total, Milius se recuperó económicamente y nosotros esperamos que su hijo acabara la carrera de derecho. A Roma le cayeron todos los premios y a James Purefoy, desgraciadamente, lo contrataron para *The Following*.

CURIOSIDADES (COSAS QUE DEBERÍAS SABER SI ERES SERIÓFILO)

Costó 100 millones de dólares. 85 de la HBO y 15 de la BBC.

Jeff Beal, el mismo que hizo *Carnivàle*, es el compositor de la banda sonora original.

Los mismos decorados fueron reutilizados por Dr. Who en el episodio *Los fuegos de Pompeya*.

Apta: para todos los públicos y todos los privados, mayores de 15 años.
No apta: para historiadores serios.

LAS CORRUPTELAS DEL PODER

La humanidad siempre ha estado en crisis, desde el inicio de los tiempos. La política y la corrupción están cíclicamente de moda. Y la ficción, siempre a la última, se empeña en enseñarnos lo que la realidad nos oculta. Políticos, espías y gánsteres, demos la bienvenida a los hijos de las cloacas.

BOARDWALK EMPIRE

| HBO | 2010-2014 | 5 temporadas | 56 episodios |

Creador: Terence Winter

Boardwalk Empire huele a whisky, juego, prostitución, balas, sudor y sangre. Por algo Martin Scorsese es uno de sus responsables. Estamos en Atlantic City, Nueva Jersey, y empiezan los años de Ley Seca (años veinte). Los políticos lo celebran por todo lo alto en uno de sus antros: gracias a la nueva prohibición, ganarán más dinero con el contrabando de licor. Ejemplarizante. Uno de ellos es el protagonista absoluto de la serie, Enoch «Nucky» Thompson (Steve Buscemi), tesorero del Condado de Atlantic y gánster. Y sí, quizá tenga buen corazón y sienta lástima por los pobres, pero quiere lo mismo que otros criminales: poder, dinero y reconocimiento. Y hará lo que sea, claro.

Mucha, mucha mafia

Imaginamos la reunión de directivos de la HBO en 2008: están muy preocupados porque *Los Soprano* termina y necesitan algo que tenga la misma repercusión, algo que los haga resurgir después de los fracasos de *Lucky Louie, Tell Me You Love* y *John From Cincinatti*. David Chase quiere descansar (naturalmente) y recurren a su mano derecha, Terence Winter, uno de los guionistas de *Los Soprano* que tienen en nómina. Y le encargan otra de mafiosos: quieren que adapte un libro de Nelson Johnson sobre Atlantic City. Así, *Boardwalk Empire* empieza exactamente donde termina *Los Soprano*, porque en el equipo también se incorpora gente de ésta última. Tim Van Patten, Ed Bianchi, Allen Coulter, son algunos de sus realizadores y productores. Son gente experimentada en televisión (da vértigo ver su currículum) y conocen cómo funcionan los entresijos de la mafia. Pero esto no es todo: Martin Scorsese es uno de los productores y el director del capítulo piloto. Este sí que es «il capo» definitivo.

EL TIPO RARO, EL OTRO RARO, *THE WIRE* Y... MÁS SOPRANO

Tienes a Terence Winter (parte esencial de *Los Soprano*), Martin Scorsese, a los mejores directores de televisión norteamericanos, pero a los de la HBO aún les falta algo: el actor que dará vida al protagonista, Nucky Thompson (un criminal caritativo). Winter ha declarado que si hubiesen sido fieles al retrato original del personaje que inspira a la persona, tenían que haberse decantado por James Gandolfini, pero claro, eso era imposible, ya que tampoco era necesaria una fotocopia exacta de *Los Soprano* ambientada ochenta años atrás. Fue Scorsese el que sugirió a Steve Buscemi, quien, por cierto, ya había participado como actor y director en *Los Soprano*. Otro de la mafia, vaya. Pero aunque Buscemi tiene todo un carrerón en cine y televisión (*El gran Lebowsky, Reservoir Dogs, Ghost World, Con Air*, etc.) para todos nosotros siempre será «el tipo raro» de *Fargo* o el no menos raro de *Reservoir Dogs*. ¡Qué bueno y extraño es Steve Buscemi! Pero la relación con *Los Soprano* no termina aquí: la HBO también contrata a Dominic Chianese, el tío de Tony Soprano (uno de los personajes más «hijos de su madre» de la televisión). Y como el dinero no parece uno de los principales problemas de la HBO ficharon también a Michael Shannon (otro tipo raro y todoterreno en el mundo del cine), a Michael Kenneth Williams (el mítico Omar Little de la serie *The Wire*) y a Stephen Graham (un británico para que haga el papel de Al Capone; sí, aquí salen todos los gánsteres del mundo).

YA, PERO ESO ES DEMASIADO BARATO... ¡MÁS DINERO!

Ok, ya tenemos a todo el elenco perfilado, pensaron en la HBO, pero aún no es suficiente... ¿No? ¿Pero ahora qué necesitan? Winter cree que si la serie se titula *Boardwalk Empire* (el paseo marítimo de Atlantic City) sería decepcionante que este espacio no apareciera en la serie (remarcar que cuando dicen «aparecer en la serie» hacen referencia a verlo en condiciones, bien hecho, que resulte espectacular en una pantalla de televisión). Dicho y hecho. *Boardwalk Empire* presenta unos decorados de relumbrón y unos efectos visuales espectaculares. Para el primer episodio se gastaron 20 millones de dólares (algunos dicen que 30...), 5 de los cuales los destinaron solo al decorado del paseo marítimo (mucha madera y 150 toneladas de acero) construído en Brooklyn. El mar y todo el resto están recreados con ordenadores. Y esto es solo una parte. Hay que contar el atrezzo, el vestuario, la música, las localizaciones, etc. Porque *Boardwalk Empire* es una serie carísima, excesiva, estilizada, preparada para ganar premios. Cosa que no la hace necesariamente buena o excepcional, pero esto ya es otro debate.

CURIOSIDADES (COSAS QUE DEBERÍAS SABER SI ERES SERIÓFILO)

Solo durante la primera temporada aparecieron 225 actores con frase y 1.000 extras. Ah, y grabaron durante ¡200 días! (el doble de lo normal).

El protagonista Enoch Nucky Thompson está inspirado en el político Enoch L. Johnson que controló Atlantic City entre 1911 y 1931.

Boardwalk Empire ha ganado varios Emmy y Globos de Oro, entre otros premios. A Scorsese le dieron el Emmy a la mejor dirección por el primer capítulo. Sí, en él (¡oh, sorpresa!) muere gente con música de ópera de fondo. Buscemi ganó el Globo de Oro en 2011, pero no le han dado nunca el Emmy, a pesar de haber sido nominado por este papel, *Los Soprano*, *Portlandia* y *30 Rock* (¡ya acumula seis nominaciones!)

La mayor parte de la música de la serie son canciones de los años veinte reinterpretadas por Vince Giordano & The Nighthawks y la colaboración de cantantes conocidos como Rufus Wainwright, Patti Smith, Regina Spektor, Matt Berninger (*The National*) o Elvis Costello. Por contra, la canción de la careta es de 1996 y se titula «Straight Up and Down». Pertenece al grupo The Brian Jonestown Massacre y se encuentra en su disco *Take It From the Man!*

Apta: para aficionados a la mafia en todas sus formas (*El padrino*, *Uno de los nuestros*, *Los Soprano*, *Los intocables de Elliot Ness*, etc.); a los que busquen algo diferente, compacto y tengan un poco de paciencia.

No apta: para los que solo busquen sangre a cubos, historias de ver y tirar; los que piensen que *Los Soprano* iba de cantantes de ópera enfrentados en un culebrón (aunque algo de eso había...)

BOSS

| STARZ | 2011-2012 | 2 temporadas | 18 episodios |

Creador: Farhad Safinia

Hay series que pivotan sobre un protagonista absoluto. Si el personaje y quien lo interpreta cumplen el objetivo la serie suele ser un éxito, de lo contrario el barco se hunde sin que haya posible tabla de salvación. El caso de *Boss* es de los primeros. Cuenta con un protagonista muy potente, Tom Kane (Kelsey Grammer), alcalde de Chicago, a quien da vida el inolvidable Frasier Crane, aquí sorpresivamente en las antípodas de la comedia, y productor ejecutivo de la serie (dándose un regalazo hecho a medida con su personaje).

LA CLOACA DE CHICAGO

Superado el shock inicial de ver a Kelsey Grammer haciendo de político perverso, la serie nos sumerge de lleno en las cloacas de la alta política de la mano de un veterano alcalde aferrado al poder, a quien acaban de diagnosticar una grave e irreversible enfermedad degenerativa. Como un animal herido de muerte, el capo de la ciudad intenta conservar su puesto antes de que el mundo se entere de que se le está apagando la mecha y dispara a matar, cueste lo que cueste. Rodeado por una panda de personajes-víbora y, por supuesto, de sus víctimas, el major manipula, miente, extorsiona y corta orejas literalmente a todo aquel dispuesto a aguarle el final de fiesta, o lo que es lo mismo, el final de su vida, mientras defiende con uñas y dientes el secreto de su enfermedad, que le apartaría de su puesto fulminantemente.

Mientras el alcalde se degrada físicamente, su moral sufre un proceso similar y cada vez se hunde más y más en el pozo de la corrupción y de la conspiración que él mismo ha creado. Ni siquiera su hija, una ex drogadicta rehabilitada, puede redimirlo y se convierte en la víctima perfecta de un padre sin escrúpulos.

En ese mundo de política de altos vuelos en el que se desenvuelve la trama destacan los personajes de su mujer, una fría, casi congelada, primera dama de la ciudad, Meredith (Connie Nielsen) que incluso intenta conspirar contra su marido, y su fiel asesor, Ezra Stone (Martin Donovan). Mención aparte merecen los amoríos y escarceos sexuales de alto voltaje entre su asistente personal Kitty O'Neill (Kathleen Robertson) y el joven tesorero ambicioso aspirante a gobernador Ben Zajac (Jess Hephner).

Un regalo de auténtico lujo televisivo

Uno de los grandes reclamos de *Boss* es su extraordinaria factura formal. El director de cine Gus Van Sant, también productor ejecutivo de la serie, filmó un piloto maravilloso, elegante, impecable y repleto de primeros planos que asentó la base de un estilo deliberadamente profundo e intenso. Cuando, superados los primeros capítulos, el protagonista decide dejar la medicación, empieza a sufrir alucinaciones, lo que se traduce en una apuesta visual aún más arriesgada y puede que en algún momento incluso pretenciosa, pero que da mucho juego.

Los títulos de crédito, tan fascinantes como la canción que les acompaña, nada menos que de Robert Plant, «Satan your Kingdom Must Come Down», son toda una declaración de intenciones.

La primera temporada le valió a la serie dos nominaciones a los Globos de Oro, a la mejor serie dramática y a su protagonista, Kelsey Grammer. Aunque no obtuvo ninguno de los dos, es innegable su impresionante debut y vale la pena disfrutar gota a gota sus dos únicas temporadas, ya que, como ocurre

con otras grandes producciones, fue cancelada bajo la férrea
dictadura de la implacable audiencia.

CURIOSIDADES (COSAS QUE DEBERÍAS SABER SI ERES SERIÓFILO)

El productor ejecutivo y protagonista de la serie, Kelsey Grammer tiene un interés personal en la política, es miembro del partido republicano y aspira a conseguir un puesto en el congreso.

Su personaje de doctor Crane en *Frasier* fue merecedor de un Globo de Oro y de un Emmy. Tras tantos años protagonizando una de las comedias de mayor éxito de todos los tiempos apostó por productos diferentes, tanto en su faceta de productor al mando de la productora Grammnet Productions (responsable entre otras de la serie *Medium*) como de actor. Hay quien piensa que con el personaje de Ted Kane quiso matar simbólicamente al bonachón de Frasier.

Kelsey Grammer también prestó su voz al personaje de el Actor Secundario Bob de la serie de animación *Los Simpson*, trabajo por el que obtuvo otro Emmy.

Apta: para fans de las (buenas) películas de Gus Van Sant, de los protagonistas desquiciados y malvados, y aspirantes a alcalde en general.

No apta: para fans del «walk and talk» y de Sorkin, soñadores utópicos, y optimistas que piensan que la vida es bella.

EL ALA OESTE
(THE WEST WING)

| NBC | 1999-2006 | 7 temporadas | 156 episodios |

Creador: Aaron Sorkin

Meter la nariz en la Casa Blanca es algo que muchos turistas hacen cuando visitan Washington, pero con *El ala oeste* puedes tener la ilusión completa en 3D. Viendo la serie, no sólo te mueves por el interior de la Casa Blanca, los platós son tan parecidos a la realidad que no los abren al público por seguridad de la propia Casa Blanca, sino que puedes vivir la experiencia de ver cómo se dirige el país más poderoso del mundo, a través del Presidente y su equipo de asesores.

DE PRESIDENTE A PRESIDENTE

Después de escribir la película *The American President*, su guionista, Aaron Sorkin, que no le teme a nada, decidió presentar un proyecto de serie con un presidente de talante liberal, decididamente demócrata, interpretado por Martin Sheen, y su equipo. Periodistas, hacedores de discursos, diseñadores de estrategias, redactores de base, documentalistas, un equipo de gente que entrega su vida, porque trabajan tropocientas horas, para que la política de Estados Unidos a nivel mundial y local pareciera algo coherente (un milagro que no siempre se produce). La NBC la compró, gracias al éxito de la película, y a la solidez de Sorkin como creador, que ya tenía algunas series de éxito en su haber.

En un principio, el presidente era sólo un secundario, pero Martin Sheen se ganó el puesto a pulso, construyendo un personaje vulnerable, pero al mismo tiempo sólido, que sabe convertirse en el punto de referencia alrededor del que todos bailan. A su lado, un jefe de gabinete, Leo (John Spencer), la secretaria de prensa, C.J. Cregg (Allison Janney), un director de comunicaciones, Toby Ziegler, (Richard Schiff), el ayudante del director de comunicaciones, Sam (Rob Lowe), la ayudante especial del ayudante del jefe de gabinete de la Casa Blanca, Dona Moss (Janel Moloney), el ayudante personal del presidente, Charlie Young (Dulé Hill) y todas las historias que nos cuentan sus relaciones laborales y sentimentales, sus ambiciones, cómo planean lidiar con la opinión pública o cómo se toman decisiones delicadas teniendo en cuenta sus consecuencias políticas y sociales, en un entorno laboral intenso a más no poder, como que si se despistan se lanza un misil en cualquier parte y la Tierra desaparece.

EL CHORREO QUE NO CESA

Una de las marcas de *El ala oeste*, o sea, por lo que la recordarás visualmente al cabo de diez años de verla, es el *Walk and Talk*, (traducción: andando y hablando). Los personajes avanzan por el decorado a grandes zancadas, hablando, decidiendo, convocando reuniones e incluso declarándose, sin parar, mientras la cámara los sigue por delante, en pleno movimiento. De hecho, el plató fue en su momento uno de los más grandes y me apuesto lo que queráis a que era el que tenía más pasillos de la historia de la televisión. El *Walk and Talk* fue una idea de Thomas Schlamme, productor ejecutivo y también director, que encajaba a la perfección con los diálogos verborreicos de Sorkin, que pone en boca de los protagonistas unos parrafones de texto tan grandes que si intentas mirar la serie con subtítulos te vuelves loco leyendo. Los personajes hablan y hablan sin parar, siempre inteligentes, siempre irónicos, absolutamente idos de la olla y rapidísimos, un gustazo para los amantes del diálogo ocurrente.

ESE OMBLIGO NORTEAMERICANO

Como pasa a menudo con las series norteamericanas, cuando *El ala oeste* trata algún tema de alcance mundial, a menudo patina ligeramente desde el punto de vista europeo, por decirlo un poco fino. Uno, por muy fan que sea, siempre tiene que hacer un poco de «glups». ¿Por qué nadie les dijo que pusieran un documentalista europeo, para que la cosa no fuera tan tan...? Pero no es tan exagerado como para que cuando hablen de España pongan a un mejicano comiendo frijoles, que de todo se ha visto en este mundo. Eso sí: el final patriótico de un par de líneas en cada capítulo está asegurado. Y es que es la tierra de la libertad (o eso dicen).

CURIOSIDADES (COSAS QUE DEBERÍAS SABER SI ERES SERIÓFILO)

El equipo de guionistas sufrió dimisión tras dimisión a causa del talante hegemónico de Aaron Sorkin, que reescribía y cambiaba de arriba abajo los guiones enteros, enviando la delicada moral de los otros escritores a tomar por saco cada dos por tres. De manera que muchos de los que más aguantaron eran amigos del colegio de Sorkin, supongo que por aquello de la costumbre. Él mismo se autodimitió en la sexta temporada, a causa del estrés, que le provocó problemas de salud, y el mal rollito creado por la tensión y el nerviosismo, un clásico de las series de televisión de ayer y hoy.

Martin Sheen interpretó también al presidente de los Estados Unidos en *La zona muerta*. Sin embargo, mientras que en *El ala oeste* su personaje es un hombre bueno y con principios, en *La zona muerta* es un tirano cruel y despiadado. Puestos a hacer de presidente, también fue J. F. Kennedy en la miniserie que lleva su nombre (1983).

El Despacho Oval de *El ala oeste* es el mismo que el visto en *Dave, presidente por un día* y en *El presidente y Miss Wade*, ésta última escrita también por Sorkin.

El presupuesto de cada episodio era de 6 millones de dólares, aproximadamente el mismo que el de uno de *Juego de tronos*.

Apta: para los adictos a la adrenalina, workalcohólicos, locos de las series de abogados y periodistas y gente que se emociona cuando hay elecciones tanto como cuando va al fútbol.

No apta: para quienes no soportan la cosa de la bandera y el himno. Si quieren ver la serie, deben saltarse los últimos tres minutos del capítulo, que siempre son muy patrióticos.

HOMELAND

| SHOWTIME | 2011+ | 5 temporadas | 60 episodios |

Creador: Gideon Raff
Adaptadores: Howard Gordon y Alex Gansa

Homeland se inspira en una serie israelí titulada *Hatufim (Prisoners of War)*, que narra la vida de tres familias que tienen alguno de sus miembros secuestrados en el Líbano. Hasta aquí las similitudes con la gran serie americana que ha reinado en la liga de las «series importantes» de los últimos años. De obligada visión, la primera temporada es toda una lección sobre el control de la tensión y la intriga, así como de creación de personajes al límite.

La gata sobre el tejado de la CIA

La brillante versión americana está protagonizada por Carrie Mathison (Claire Danes), una oficial de la CIA especializada en terrorismo islámico que padece una enfermedad mental que cuando no está controlada la arroja en brazos de las peores paranoias.

En su inicio la historia se centra en la relación entre la agente protagonista y Nicholas Brody (Damian Lewis), un sargento de los marines secuestrado por Al-Qaeda durante 8 años en Irak que es liberado cuando ya se había dado por desaparecido oficialmente (su mujer incluso ha rehecho su vida con el mejor amigo de su marido y su hijo menor ni siquiera le recuerda).

Carrie Mathison está convencida de que en realidad el marine, considerado un héroe nacional a su regreso, es un farsante que ha sido captado por los terroristas y pretende cometer un gran atentado en los Estados Unidos. ¿Tiene ella razón? ¿Es Brody un héroe y padre de familia modélico o un retorcido villano al que han lavado el cerebro los terroristas? ¿Sus sospechas son fruto de sus dotes de observación e inteligencia o de su paranoia? ¿Hay miembros de la CIA infiltrados? Preguntas, sospechas, giros inesperados y muchísima tensión.

El punto de partida no puede ser más interesante. Dos grandes personajes jugando al gato y al ratón, enemigos a muerte... o quizás no tanto. Un tema, el del terrorismo islámico, de plena actualidad (y ojo, ni los americanos son siempre los buenos ni los del otro bando están desprovistos de razones para atacarlos). Y sobre todo un personaje protagonista, el que interpreta Claire Danes, cuyos demonios interiores no consiguen hacer sombra a su enorme magnetismo. Una auténtica revelación televisiva que crea adicción a base de finales que dejan con el corazón en un puño.

Entre los personajes secundarios destaca el veterano agente de la CIA Saul Berenson (Mandy Patinkin), una figura ambigua y paternal cuya relación con la protagonista por un lado y con las esferas del poder por el otro dotan a la trama de la dimensión necesaria para añadirle verosimilitud y equilibrio. Su presencia va aumentando acertadamente a medida que se suceden las temporadas.

La trama no es un chicle que pueda estirarse para siempre

Tras la tercera temporada la serie dio un requiebro tan inesperado como necesario que dividió a los fans de medio mundo entre los que adoraban *Homeland* y los que juraron que nunca más volverían a pasar nervios viéndola. Teniendo en cuenta los resultados de audiencia obtenidos por la cuarta temporada y en espera de la quinta, parece que valió la pena reinventarla para hacerla aún mejor, si cabe.

Curiosidades (cosas que deberías saber si eres seriófilo)

El mismísimo presidente de los Estados Unidos, Barack Obama (cuya imagen aparece en los créditos fugazmente) ha declarado que *Homeland* es una serie que «hay que ver obligato-
riamente». Estamos de acuerdo.

Claire Danes ha confesado que estaba a punto de abandonar su carrera como actriz cuando le ofrecieron el papel, que
ya le ha valido nada menos que dos Globos de Oro. La actriz

protagonizó a mediados de los noventa la serie *My So-Called Life (Es mi vida)*, emitida en la CBS. Interpretaba a una adolescente con una interesante vida interior y se ha convertido con el tiempo en una serie de culto más que recomendable. En ella sale también un jovencísimo Jared Leto.

El actor Mandy Patinkin, que interpreta a Saul Berenson, es el protagonista de las dos primeras temporadas de la serie *Mentes criminales (Criminal Minds)*. Lo dejó de un día para otro porque no le gustaba participar en algo tan violento y destructivo. Se sentía mal porque estaba convencido de que ver series de asesinatos y violaciones antes de ir a dormir es algo pernicioso para el espectador. Pensó en dejar la televisión. Hasta que le ofrecieron el papel de Berenson. Cree que *Homeland* es el antídoto a todo lo anterior, ya que se pregunta el porqué del uso de la violencia.

El tema del terrorismo islámico y la CIA no es novedoso de *Homeland*. En 2010 AMC estrenó la serie *Rubicon*, protagonizada por un grupo de analistas de la agencia, mentes brillantes y paranoides que se dedican a valorar informes, papeleo y toda clase de señales universales para avisar de inminentes acciones terroristas. Su cancelación, un año después de su estreno, dejó en vilo a una buena cantidad de televidentes. A pesar de su corta vida merece un visionado por parte de cualquier seriéfilo que se precie.

Damian Lewis, el actor que interpreta a Nicholas Brody, el héroe americano que vuelve de la guerra, es en realidad inglés.

Apta: para desconfiados, amigos de las conspiraciones y fans de Claire Danes.

No apta: para aquellos a quienes la sola visión de la bandera americana les provoca urticaria.

HOUSE OF CARDS

NETFLIX	2013+	3 temporadas	39 episodios

Creadores: Michael Dobbs y Andrew Davies
Adaptador: Beau Willimon

Cuando presentas una serie con dos caballos ganadores como David Fincher y Kevin Spacey, la cosa puede ser un éxito sonado o un estrepitoso fracaso. La HBO hizo lo mismo cuando presentó Luck (creada por David Milch), con Dustin Hoffman, Nick Nolte y el director Michael Mann. Y la apuesta fue un desastre: nadie entendió qué pasaba ni de qué iba aquella serie sobre apuestas en las carrera de caballos y la cosa duró nueve capítulos. Pero con *House of Cards* se consiguió todo lo contrario: el retrato del juego de poderes de la política norteamericana ha calado hondo entre la audiencia, sobre todo por la sugestiva presencia de Kevin Spacey, Robin Wright, tramas diabólicas y unos diálogos punzantes, cínicos, devastadores.

HABLANDO CON EL ESPECTADOR: ¿ESTÁS AHÍ?

Hay muchas series sobre política (*Boss, El ala oeste, Borgen,* etc.), pero los comentarios ácidos y las reflexiones escépticas, políticamente incorrectas, del congresista Frank Underwood nos ofrecen algo diferente y novedoso, sobre todo por el cómo: Underwood rompe la cuarta pared (la pantalla) y se dirige directamente al espectador, lo mira a los ojos y comenta la jugada, cuenta todo lo que se le pasa por la cabeza. Él es el centro y la voz de *House of Cards*. El principio y el final. Por él pasa todo el juego. ¿Pero quién es Frank Underwood?

Conociendo al matrimonio Underwood, un placer

Cuando empieza la serie, Frank Underwood es un miembro del congreso norteamericano instalado en Washington. Harto de ser un segundón y de tejemanejes insulsos, Underwood se propone llegar lo más alto posible (de momento, Secretario de Estado) y para ello hará lo que tenga que hacer. O sea: mentir, manipular, tergiversar, volver a mentir, manipular y tergiversar y hacerlo otra vez, una y otra vez. Lo hace con los colegas, con los periodistas y con su mujer. Mención aparte merece Claire Underwood, interpretada por una soberbia y ultraelegante Robin Wright: ella también es la esencia de *House of Cards,* alentando todo el rato a su marido, fría, metódica, implacable. Sin ella, el congresista Underwood sería una víbora más en el intrincado y peligroso camino hacia la Casa Blanca donde los adversarios son casi infinitos.

Vale que a veces el juego político es repetitivo y pueda llegar a cansar al espectador (¡parecen todos marionetas alrededor de Underwood!), pero también es interesante (y altamente divertido) sorprenderse por el ingenio de los guionistas en el desarrollo de las tramas y la confección de los diálogos. Y volvemos otra vez a nuestro protagonista absoluto: cínico, hiperactivo, ambicioso, meticuloso, irónico. Un tipo que no queremos que exista pero que no podemos dejar de admirar en la pantalla. Esos guiños, esa mirada... Pero, ¡espera! ¿Este tipo no existe realmente? Quizá los políticos no tengan el estilo del matrimonio Underwood, pero todo lo demás sabemos que sí que existe. Lo vemos en las noticias. Lo imaginamos. Ambición, poder, seducción, crueldad, hipocresía. Quizá por esto también nos gusta... La erótica del poder. Pensemos en ello mientras nos servimos una copa.

CURIOSIDADES (COSAS QUE DEBERÍAS SABER SI ERES SERIÓFILO)

House of Cards es un *remake* de la serie original inglesa del año 1990 que lleva el mismo título escrita por legendario Andrew Davies y basada en la novela de Michael Cobbs, un político conservador. Ambientada en el parlamento británico justo después del gobierno de Margaret Thatcher e interpretada por el gran actor Ian Richardson, ya destacaba por su cruel retrato de la política y la rotura de la cuarta pared. En la versión americana se respetaron los nombres de pila de los personajes originales.

Kevin Spacey y Robin Wright han ganado el Globo de Oro por su actuación y David Fincher un Emmy por la dirección del primer capítulo. Fincher, que también ejerce de productor ejecutivo, ha dirigido algunas de las películas más importante de los últimos veinte años: *Seven, Zodiac, El club de la lucha, La red social*.

Joel Schumacher y Jodie Foster también han dirigido algunos capítulos. Y es que de categoría van sobrados.

Jeff Beal, compositor de la elegante e hipnótica música de esta serie, también ha trabajado en otras como *Medium, Carnivàle, Monk, Roma* o *The Newsroom* y ha ganado tres premios Emmy.

Barack Obama es fiel seguidor de la serie, tanto que hasta hizo referencia al congresista Underwood en un video de April's Fool afirmando que Frank aprendió de él.

House of Cards fue la primera serie de televisión hecha expresamente para emitirse en la plataforma online Netflix (de hecho, encargaron dos temporadas enteras). El primer capítulo también tiene el honor de ser el primer episodio distribuido por internet (webisodio) que era nominado y reconocido en los premios Emmy más significativos, los dedicados al *prime time*. Y es que se gastaron mucho dinero: las dos primeras temporadas costaron 100 millones de dólares. Por menos, David Fincher no participaba. La tercera, después de muchas discusiones entre los productores (Media Rights Capital) y el estado de Maryland (que al final aceptó rebajar sus tarifas fiscales) dicen que ha llegado a los 60 millones de dólares.

Apta: para adictos a la intriga política de alto nivel, las puñaladas traperas, la erótica del poder y Kevin Spacey.

No apta: para sensibles que crean que hay otra manera de hacer política, cercana al pueblo, asamblearia. En *House of Cards* la democracia es cruel y sangrante.

LOS SOPRANO
(THE SOPRANOS)

HBO	1999-2007	6 temporadas	86 episodios

Creador: David Chase

Casi todo el mundo ha visto u oído hablar de *Los Soprano* y de su personaje principal: Tony Soprano. Su fama ha superado al Corleone/Padrino del siglo XX cuando se utilizaba su nombre para referirse a alguien mafioso, malo, manipulador. «¿Has visto lo que ha hecho el banquero? Parece sacado de *Los Soprano*.» ¿Pero es *Los Soprano* solo una serie sobre gánsters de origen italiano ambientada en New Jersey en la que comen pasta y cannoli mientras cuentan billetes, reparten mamporros y encargan asesinatos? Rotundamente, no.

¿QUÉ HACE UN MAFIOSO EN LA CONSULTA DE UNA PSIQUIATRA?

Hay dos razones principales por las que esta serie va más allá: por primera vez, el protagonista no es solo un capo de la mafia que oficialmente se dedica a la limpieza de residuos. Tony Soprano (James Gandolfini) es un gánster que acude a terapia con una psiquiatra, la doctora Melfi (Lorraine Braco), porque desde la adolescencia sufre ataques de pánico y le cuesta compaginar el trabajo con la familia. Pero la maniobra puede ser peligrosa ya que está en juego la *omertá*. ¿Y si lo saben los otros? Tony sufre. Y esto es nuevo en televisión, diferente. El mafioso no solo es un hombre familiar y de origen humilde que se dedica a asuntos sucios para triunfar en la vida. Es también un ser humano que vive extremadamente presionado por su trabajo y por el influjo de su madre, la inolvidable y neurótica Livia (Nancy Marchand). Ella es la razón original de sus miedos. Y Tony Soprano se sienta en su sillón, a oscuras, viendo películas en blanco y negro mientras come tarros de helado. O contempla la piscina de su mansión y ve como los patos nadan en ella. Es alguien complejo y torturado, alguien que también tiene miedo y que espera, con ansia, que alguien lo apruebe, lo quiera, le diga que lo está haciendo bien.

¿Qué hace David Chase con el género de la mafia?

La otra razón por la que nos damos cuenta de que no es otra historia de criminales, es porque la serie reflexiona sobre el propio género de gánsters que tantas veces hemos visto en el cine. David Chase nos muestra un gran retablo de mafiosos (clanes, negocios turbios, blanqueo de dinero, armas, peleas, insultos, clubs de striptease y muchos asesinatos), pero a veces solo nos da retazos, imágenes simbólicas, juega con nosotros, quiere que el espectador complete la historia. Por ejemplo: alguien a quien sus enemigos quieren ver muerto camina tranquilamente por la calle con la bolsa de la compra mientras habla por teléfono. Se dirige hacia su coche aparcado al otro lado de la calle, abre la puerta, pone la llave en el contacto... ¿Qué esperamos que ocurra? Lo hemos visto cientos de veces. Pero la pantalla funde a negro. ¡¡Como?! ¿Querías una explosión y no ha sucedido? Han jugado contigo. Y te han ganado. Porque la vida de los mafiosos contada en esta serie es mundana, también violenta, pero más terrenal. Gente que corre a duras penas por la nieve escapando de sus asesinos, gente que se esconde en el baño para no ser disparada, jefes con ataques de pánico o gánsters que practican el sexo oral con sus amantes mujeres para vergüenza de otros (para ellos, es algo poco honroso y nada masculino). Nos asomamos a su mundo y los vemos respirar, dormir, cagar, comer, sudar, ir al psiquiatra, intentar ser buenos padres, maridos, hijos; en resumen, vivir, en un mundo peligroso, sí, pero vivir al fin y al cabo, con errores, aciertos, sangre y dinero.

APARTAD, MEQUETREFES Y MANUALES DE GUIÓN, AQUÍ VIENE TONY SOPRANO

Se puede decir que el personaje de Tony Soprano inicia una nueva eva, la del antihéroe. El protagonista ya no es el buen chaval que salva el gato al principio de la historia, un personaje bien intencionado, recto y bondadoso. Ahora el protagonista puede ser turbio, ambiguo, un villano. Y al espectador le gusta. Como Walter White en *Breaking Bad*. O Thomas Shelby en *Peaky Blinders*. House. Ray Donovan. Al Swearengen en *Deadwood*. Es verdad que sus enemigos siempre son mucho peores y por comparación él no parece tan malo. Es terco, resolutivo, un superviviente obsesionado y queremos que gane, que la policía no lo coja. Cric, crac, croc. Oímos cómo los analistas de guión caen de sus sillas. ¡El protagonista es el otro! Definitivamente, los tiempos ya han cambiado.

SI ERES UNO DE LOS NUESTROS, ESTÁS DENTRO

Entre principales, secundarios y puntuales, hasta un total de 27 actores de *Los Soprano* ya habían aparecido en uno de los referentes de David Chase cuando escribió la serie, la película *Uno de los nuestros* de Martin Scorsese. En cambio, que se sepa, de los importantes solo Dominic Chianese estaba en el reparto de *El Padrino*, en la segunda parte.

David Chase escogió personalmente a Steve Van Zandt, el actor que da vida al exagerado Silvio Dante, después de descubrir sus dotes de presentador en un acto de rock conmemorativo. Fue su primer papel para televisión ya que su principal

ocupación hasta entonces era la de guitarrista. También conocido por Little Steven, es uno de los músicos que acompaña a Bruce Springsteen con la E Street Band. Después le tomó el gusto a la cosa de la actuación y se fue a Noruega a interpretar a otro mafioso, en la serie *Lilyhammer*, para el canal Netflix, donde es protagonista, productor ejecutivo y coguionista. Se da la casualidad de que la esposa en la vida real, Maureen van Zandt, también es su mujer en *Los Soprano*.

La actriz que da vida a la madre de Tony, Livia (Nancy Marchand, ganadora de cuatro Emmy por Lou Grant en los años setenta), tenía que morir al final de la primera temporada. Cuando Tony sabía que ella lo había intentado eliminar, él la ahogaba con una almohada. ¿Lógico, no? Pero Marchand, que ya estaba enferma de cáncer, le pidió a Chase que no la dejara sin trabajo, que lo necesitaba. Él accedió y pensó en mantenerla hasta el final. Pero la actriz murió durante el rodaje de la segunda temporada y nunca pudimos ver cómo Livia testificaba contra su hijo.

No diga genio, diga David Chase

David Chase controlaba todo el proceso de la serie, desde el montaje hasta los calcetines que llevaba Tony Soprano. También es conocida su respuesta cuando un actor se le presentaba con quejas sobre el guión al estilo «creo que mi personaje no haría esto». David Chase: «¿Quién te ha dicho que este personaje es tuyo?».

Otro detalle inusual en *Los Soprano* es que la banda sonora no está compuesta expresamente. Toda la música que se escucha son canciones que escogía el propio David Chase. Su gusto es ecléctico pero con una potente base de rock de los años setenta: The Rolling Stones, Bob Dylan, Frank Sinatra, Van Morrison, The Kinks, etc. La idea inicial de Chase era que durante los créditos siempre sonara una canción diferente, pero la HBO le dijo que no. En la radio escuchó «Woke Up This Morning», de los Alabama 3, y le pareció perfecta. El grupo recibió 40.000 dólares por el tema. Es una oferta que no podían rechazar.

David Chase también ha dejado una canción para el recuerdo: «Don't Stop Believin'», de Journey, que cierra la serie con un final tan polémico que, años después, la gente sigue haciendo preguntas al respecto a su creador. Y los que pasarán. Y más. David Chase es un genio. Bastaría mencionar que la Academia de Escritores de EEUU la eligió en 2013 como la serie más importante de la historia. Y es que sin ella, sin su atrevimiento y su repercusión, muchas de las que conocemos hoy en día se hubieran quedado en un cajón.

Apta: para amantes de las historias de gánsters con todo lujo de matices, de las series de culto, de la HBO.

No apta: para los que piensen que la serie juega en la liga de Tarantino, de las hostias por las hostias con música chula. En la familia Soprano no todo es violencia, tiroteos y traiciones.

THE AMERICANS

FX	2013+	3 temporadas	39 episodios

Creador: Joe Weisberg

Philip y Elizabeth Jennings aparentan ser una familia más de
Washington en los años ochenta. Tienen dos hijos, trabajan en
una agencia de viajes y viven en una bonita y tranquila urbani-
zación. Pero en realidad, no son ni pareja. Desde hace quince
años el matrimonio Jennings está formado por dos espías so-
viéticos de la KGB, que viven infiltrados para espiar al gobierno norteamericano. Ni los dos hijos que han concebido saben
a qué se dedican ni quiénes son realmente sus padres.

EL CREADOR, GUIONISTA-ESPÍA

Joe Weisberg no desconoce el mundo de los espías porque él mismo en los años noventa fue agente de la CIA, algo que le reportó muchos problemas de conciencia porque tenía que mentir todo el tiempo a su familia, a su novia, a sus amigos, a todo el mundo. No puedes ir por ahí diciendo que trabajas en la CIA, claro. Antes de *The Americans* escribió episodios de *Falling Skies* y *Damages*. Y dicen que cada vez que escribe un guión tiene que enviarlo primero a la CIA para que dé su visto bueno.

Cuenta Weisberg que nunca tuvo intención de escribir sobre espías, pero que durante su examen de ingreso le hicieron pasar la prueba del polígrafo. Una de las preguntas hacía referencia a si intentaba trabajar con la CIA para luego escribir sobre ellos. Asegura que eso actuó como detonante. Después de salir de la CIA escribió una novela, *An Ordinary Spy*, que ya contaba algo que lo había fascinado: los espías son gente normal que solo quieren salir adelante, como cualquier otro trabajador. Fue Graham Yost, un experimentado hombre de cine y televisión (*The Pacific, Band of Brothers, Justified* y la saga de cine *Speed*), quien después de leer la novela se interesó por el guión del primer capítulo de esa serie que Weisberg tenía en el cajón. Le encantó y gracias a sus contactos, *The Americans* se puso en marcha.

RONALD REAGAN BENDIGA EL MATRIMONIO JENNINGS

Inicialmente Weisberg quería ambientar el show en los años setenta porque le encantaban la música y los peinados de aquella época, pero lo reconsideró. Los años ochenta, con la elección de Ronald Reagan como presidente, fue una época mucho más crispada en relación con la Guerra Fría y la escalada armamentística. Tenía la sensación que en un ambiente hostil sería más fácil y coherente para el espectador comprender las traiciones y los asesinatos que quería contar con su historia de espías y del matrimonio Jennings. Porque no olvidemos que, aparte de la intriga, lo que también interesa a Weisberg es la historia de la pareja protagonista, sus desencuentros, la tensión de lo cotidiano, la crianza de sus hijos, su relación de amor y odio. En definitiva, la historia de un matrimonio.

IN THE AIR TONIGHT

Algo que destacan los críticos, aparte de la excelente banda sonora compuesta por Nathan Barr (*True Blood*), es la elección de canciones de cada capítulo. En su mayoría son piezas de la década de los ochenta y complementan a la perfección lo que sucede en pantalla. En el primer capítulo destaca la inclusión del tema «Tusk», de Fleetwood Mac, durante una secuencia de acción y, sobre todo, la famosa canción de Phil Collins, «In the Air Tonight», en un momento crucial, oscuro, cuando el matrimonio Jennings conduce de noche por la carretera después de algo salvaje que ha ocurrido en su garaje. Aquí es de recibo mencionar a los dos protagonistas principales que sustentan este tenso thriller y drama familiar: Matthew Rhys (galés y básicamente conocido por la serie Cinco hermanos) y la más conocida Keri Russell. Ella era la única opción que tenía clara FX cuando encargó el proyecto. Y es que Russell (que ya obtuvo un Globo de Oro por su papel protagonista en *Felicity*) se ha revelado como un valor más que seguro en televisión. ¿Quién se acuerda ya de la larga melena rizada que lucía entonces?

CURIOSIDADES (COSAS QUE DEBERÍAS SABER SI ERES SERIÓFILO)

En la serie también aparecen grandes actores como el veterano Frank Langella (nominado al Oscar por la película *Frost/Nixon*) o Noah Emmerich, un secundario de lujo que hemos visto en infinidad de series y películas. Pero la actriz que destaca sin duda es Margo Martindale, una auténtica robaescenas de la televisión que ha sido nominada al Emmy dos veces por esta serie. En 2011 ya lo ganó por *Justified*.

A pesar de las bajas audiencias que acumula temporada tras temporada, FX siempre decide renovarla y ya van a por la cuarta. ¡Celebrémoslo!

Apta: para amantes de los *thrillers* de espías con giros, contragiros, agentes dobles, contraseñas ultrasecretas y una buena dosis de drama; los que no tienen suficiente con *Homeland*; nostálgicos de los looks y de la música de los años ochenta.

No apta: para los que solo piensen en *Felicity* y en su drama universitario, aunque Keri Russell se disfrace de espía rusa o los que piensen que esto es *Misión Imposible*. ¡Madurad!

24

24: Redemption (la película)

FOX	2001-2010	8 temporadas	192 episodios

24: Live Another Day

FOX	2014	1 temporada	12 episodios

Creadores: Joel Surnow, Robert Cochran

Un día Joel Surnow llamó por teléfono a Robert Cochran y le propuso hacer *24*. Robert le contestó: —Olvídate, es la peor idea que he oído. Nunca funcionará. Es demasiado difícil. Pero quedaron al día siguiente para seguir discutiendo. Los dos habían estado cinco años produciendo *La Femme Nikita*, uno de los *spin-off* de la película *Nikita*, del francés Luc Besson. Y la verdad es que *24* le debe mucho a esta serie, de la que traspasarían actores, tramas, e incluso el músico galardonado con un Emmy, Sean Callery.

SI QUIERES LLEGAR A FIN DE MES, NO TE CRUCES CON JACK BAUER

El agente federal Jack Bauer trabaja en la ficticia unidad antiterrorista de Los Ángeles que, temporada tras temporada, se enfrenta a atentados contra el presidente, armas de destrucción masiva, bioterrorismo, ciberataques, atentados diversos e incluso contra las corporaciones corruptas del sistema. Es muy competente, pero trabaja poco. En nueve o diez años no ha dado un palo al agua más de dos semanas, porque para los que no lo sabéis, Jack Bauer (Kiefer Sutherland) sólo necesita 24 h para salvar a Estados Unidos.

El problema es que Jack es de esos que creen que el fin justifica los medios y ha tenido problemas hasta con los activistas de derechos humanos, que criticaron la imagen normal, aceptable, efectiva e incluso glamurosa con la que el protagonista practica la tortura. ¡Cuantos tiros en la rodilla ha pegado Jack! Llegaron a ir los militares a ver a los creadores y a los ejecutivos de la cadena, para pedirles que bajaran el tono de las escenas de tortura, porque tenían a la tropa temblando. Clinton dijo: «Si eres Jack Bauer y haces lo que haces, prepárate para las consecuencias.»

Atentados reales

Estaba previsto emitir el primer capítulo el 30 de octubre de 2001, pero los ataques a las torres gemelas, lo retrasaron hasta el 6 de noviembre. Los de la Fox no lo tenían muy claro y esperaron a la emisión de los tres primeros episodios para poner en marcha once más. Después Kiefer ganó el Globo de Oro y la cadena dio luz verde para la producción del resto de los capítulos, hasta 24.

La novedad era jugar en «tiempo real», una carrera contra reloj, un episodio de una hora, con el héroe resolviendo un caso. Para crear más tensión, aparecía la pantalla partida, que nos recordaba que el tiempo sigue corriendo en todos los lugares donde sucede la acción. Y además, un reloj digital nos mostraba el paso de los minutos. Cuando acababa el capítulo, el reloj siempre sonaba, excepto si pasaba algo muy luctuoso.

El problema está en el vídeo, porque mientras que en los pases de televisión los capítulos duran una hora contando los anuncios, cuando te compras el dvd, sólo duran de 42 a 44 minutos, con lo que los días de Jack Bauer, en realidad son de diecisiete horas. Una serie trepidante, cardíaca y mentirosa.

Curiosidades (cosas que deberías saber si eres seriófilo)

En un episodio, aparece el nombre de la web Sylvia Imports. com y los fans entraron y encontraron un saludo del equipo.

También apareció un número de teléfono y cuando los fans lo utilizaron o comprobaron su existencia, alguien de producción estaba al otro lado para saludarlos. Hubo tantas llamadas de fans la primera vez que salió, que después le atribuyeron el mismo número a diferentes personajes: lo ha tenido Jack, la presidenta, Chen Zou... Al final, lo llamaron el *fan phone*.

George Mason y Nina Myers se casaron después de mantener una relación secreta. En la tercera temporada aparecía el carnet de Nina Myers con el nombre de Sarah Berkeley, su nuevo apellido de casada.

Ricky Gervais apareció como secretario de la Casa Blanca.

La serie ha sido 68 veces finalistas al Emmy, de los que ha ganado 20, y 12 veces finalistas a los Globos de Oro, de los que se ha llevado 2.

En lo que se refiere a la series de espías, les arrebató el récord de temporadas a series míticas como *Misión Imposible* y *Los Vengadores*.

En 2013 se estrenó la primera temporada de la versión hindú, en el canal Colors, donde Amil Kapoor, que aparecía en un papel en la primera temporada de la original, es el Jack Bauer hindú.

La editorial Harper Collins ha lanzado once libros sobre Jack, también han aparecido cómics, novelas gráficas, videojuegos y tres discos con la banda sonora, si incluimos la película.

24 compartió el plató del *Air Force One*, con la serie *The West Wing*.

En 2010 llegaron a plantear un *crossover* entre *24* y *La jungla de cristal*, en el que Jack Bauer y John McClane lucharían codo con codo, pero nuestro gozo en un pozo, el proyecto no cuajó.

El hecho de que David Palmer fuera un presidente negro en la primera temporada, ayudó a la elección de Barak Obama.

Es una de las cuatro series que ha ganado el Emmy, el Globo y el Satélite. Las otras son: *NYPD Blues, El Ala Oeste y Breaking Bad*.

Apta: para gente resolutiva.
No apta: para personas con problemas cardíacos.

ANDANDO POR EL LADO OSCURO

Nada mejor para hablar de la realidad que tener fantasía. Nada mejor para hablar de nuestros miedos que las criaturas de la oscuridad. Extraterrestres, fantasmas, vampiros, zombies, políticos… nadie está a salvo.

Negro

BATTLESTAR GALACTICA

SCI FI	2003-2009	4 temporadas	75 episodios

Creador: Glen A.Larson   Adaptador: Ronald D.Moore

Battlestar Galactica es una serie de ciencia ficción que cuenta una gran guerra a escala universal entre humanos y robots, pero de una manera que antes no habías visto en televisión. Basada en la original *Battlestar Galactica* de los años setenta, la nueva versión del año 2003 respeta el planteamiento pero cambia el argumento y su desarrollo. Los robots (cylon) no son solo enemigos metálicos y rebeldes a los que disparar como latas animadas. Ahora el espectador también sigue su historia. Son robots que pueden tener aspecto y emociones humanas, tan perfectas que ni ellos mismos saben si son o no una máquina. Y esto da para mucho.

LOS ÚLTIMOS HOMBRES BUSCAN SU DESTINO

Battlestar Galactica es también el nombre de la nave en la que viajan los últimos humanos que han sobrevivido al definitivo ataque cylon. Su misión es doble: escapar de las garras de los robots que los persiguen por todo el espacio y encontrar la decimotercera colonia humana, el último refugio, un lugar dónde empezar de nuevo. Y es que los humanos de la serie pertenecen a doce planetas donde se instalaron las doce tribus de kobol. La existencia de una última tribu es un secreto que solo conocían las altas instancias del gobierno. Y allí es donde se dirige la nave: ¡hacia la Tierra!

Con este planetamiento ya vemos que se trata de una serie ambiciosa y transcendental porque trata de la supervivencia de la raza humana. ¿Acaso hay algo más importante? Pero esta premisa no debe confundirse con rollazos místicos (que a veces algo hay) o filosofadas plomizas. Aparte de la batalla contra los cylon, lo realmente importante es que asistimos a las tensiones internas de los habitantes de la nave, entre los civiles, los soldados y los gobernantes en su lucha por la supervivencia.

¿Quién es quién? ¿Eres tú una tostadora?

Battlestar Galactica es apasionante, dura, intensa, con personajes de hierro y corazón como Kara 'Starbuck' Thrace (Katee Sackhoff), el comandante Adama (Edward James Olmos) o la presidenta Roslin (Mary McDonnell). O como la nave misma: gigantesca, dolorida, superviviente. Ella también es un reflejo del alma humana. Pero a su lado (o entre ellos...) no podemos obviar la otra cara de la moneda: los cylon (o tostadoras, como les gusta a los humanos llamarlos despectivamente). Ellos son la última evolución de los robots: son de carne y hueso, tienen recuerdos y sentimientos, y quieren terminar con los humanos, a los que odian por haberlos maltratado durante años. Así, entre historias de supervivencia y reflexiones existenciales (¿llegarán a la Tierra?), hay algo que nos engancha a la serie de mala manera: algunos de los que aparecen como humanos, no lo son. Son robots, cylon, tostadoras programadas para aniquilar a los que hasta ahora han sido sus amigos y/o familiares. Y esto sube la intriga un par de peldaños. ¿Es el comandante Adama una tostadora? ¿Y la presidenta?

Más allá de Orión y de la ciencia ficción

Quizá una de las mejores cosas que pueden decirse sobre esta serie es que gustará a aquellos a los que no les gusta la ciencia ficción, porque lo que plantea (y cómo lo cuenta) son grandes cuestiones de la humanidad: la supervivencia de la especie, la autodestrucción, la inteligencia artificial, la religión. Y lo hace con mucha originalidad y una puesta en escena espectacular. Basta con ver la primera secuencia de la miniserie que antecede a la serie regular: ¡nunca ha aparecido un robot tan sexy e inteligente en nuestros televisores!

Curiosidades (cosas que deberías saber si eres seriófilo)

Battlestar Galactica fue creada en los años setenta por el extraordinario y prolífico Glen A. Larson (*Magnum, El coche fantástico, Buck Rogers*) y es una franquicia de la que han salido todo tipo de productos. La serie de la que hablamos aquí es fruto de este universo. Pero costó lo suyo. Después de varios intentos fallidos de recuperar la historia, no fue hasta 2003 que Ronald D. Moore (formado en *Star Trek*) tuvo éxito con una miniserie de tres horas para la cadena Sci-Fi en la que reimaginaba la historia. Luego vino la serie, un par de tv-movies y unos cuantos miniepisodios para rentabilizar más el producto. Y eso no fue todo. En 2010 ideó una serie a modo de *spin-off* precuela titulada Caprica. Fracasó.

En la serie, el comandante Adama es interpretado por Edward James Olmos (el teniente Castillo de *Corrupción en Miami*). Es curioso que uno de los grandes debates de la *Battlestar Galactica* sea la humanización de los robots, el debate por excelencia de *Blade Runner* donde, casualmente, Olmos ya tenía un papel crucial. Y la verdad, no sabemos si él es un humano o un robot, pero si algún día tenemos una nave espacial como *Battlestar Galactica*, él tiene que ser el jefe. ¡Eso decimos todos!

Apta: fanáticos de la ciencia ficción y de la no ciencia ficción, eso es, todo el mundo que quiera vivir una experiencia apabullante de imaginación, lucha, intriga y preguntas trascendentes.

No apta: los que esperen *Star Trek* o *La guerra de las Galaxias*. *Battlestar Galactica* pone el foco en la parte sucia del Universo: en los humanos.

EXPEDIENTE X
(THE X–FILES)

| FOX | 1993-2002 | 9 temporadas | 202 episodios |

Creador: Chris Carter

He aquí una de las series más veteranas y decisivas de la historia de la televisión. Durante casi una década, dos centenares de capítulos y dos películas, *Expediente X* ha sido y es un fenómeno de audiencia y de fans en todo el mundo. Sus dos protagonistas, Fox Mulder (la cadena siempre promocionándose) (David Duchovny) y Dana Scully (Gillian Anderson) han pasado a formar parte de la cultura popular y si no sabes de dónde proviene la frase «la verdad está ahí fuera» («the truth is out there»), ahora ya lo sabes.

Por si fuera poco, la FOX acaba de anunciar (marzo del 2015) que prepara una nueva tanda de capítulos de la mano del creador de la serie y de sus dos antológicos protagonistas (¡gracias, oh dioses del Olimpo!). No hay en la historia ninguna ficción que haya conseguido resucitar en la tele (en el cine es otro cantar) más de 20 años después de su estreno, pero es que no existe ninguna serie como *Expediente X*.

Un fenómeno paranormal en la historia de la televisión

El mérito de figurar en todas las listas de las mejores series es doble o triple si tenemos en cuenta el género al que pertenece, la ciencia ficción, injustamente menospreciado por la crítica y por las mentes intelectualoides pero tremendamente popular.

Expediente X está protagonizado por un agente del FBI, Fox Mulder, que se dedica a investigar casos paranormales y asuntos relacionados con los ovnis. Está obsesionado con los extraterrestres, en los que cree firmemente desde que su hermana Samantha fue abducida cuando era una niña, y no ha perdido la esperanza de encontrarla. Está considerado poco menos que un friki por sus compañeros, que le apodan «Spooky» (siniestro).

A Fox Mulder le asignan como compañera a Dana Scully, una forense escéptica y católica, para que aporte su punto de vista, se supone que más objetivo y racional. En el fondo lo que pretenden es acabar con los expedientes secretos porque ocultan una gran conspiración gubernamental relacionada con los extraterrestres.

ENTRE EL CHUPACABRAS Y LA TENSIÓN SEXUAL NO RESUELTA

Los dos agentes, con puntos de vista opuestos, se enfrentan en la mayoría de los capítulos autoconclusivos a casos que retan los límites de la realidad, muchos de ellos no tienen nada que ver con los alienígenas: desde el chupacabras hasta la combustión espontánea, todo lo paranormal y las criaturas más monstruosas tienen su correspondiente expediente. Otros capítulos forman parte de la temática extraterrestre y de la conspiración, y tienen continuidad a lo largo de las diferentes temporadas.

La otra gran baza de *Expediente X* es la relación de amor/no amor entre Mulder y Scully, que hizo que todo el mundo empezara a hablar del famoso URST (siglas en en inglés de «unresolt sexual tension», o «tensión sexual no resuelta»). En verdad, ya lo habíamos visto en series como *Luz de luna* o *Remington Steele*, pero fue con Mulder y Scully cuando se le puso nombre. Desde entonces este recurso de los guionistas para mantener en vilo a la audiencia esperando el ansiado beso entre los protagonistas ha dado tanto de sí que ya debería estar prácticamente finiquitado.

Además de los protagonistas hay también algunos personajes memorables, como el hombre del gobierno conocido como «El Fumador», una figura siniestra que aparecía en el piloto sin decir media palabra, o el trío de *geeks* «Los pistoleros solitarios», que ayudan a Mulder y Scully en diferentes ocasiones y que llegaron a tener su propio (y fracasado) *spin-off*.

OSCURIDAD Y ELEGANCIA

El estilo visual de la serie, muy oscuro todo, desde su atmósfera brumosa (influida por el otro gran éxito de los noventa, *Twin Peaks*), hasta los trajes de los protagonistas, otorgan a *Expediente X* una personalidad reconocible. La mayoría de las temporadas se grabaron en Vancouver (Canadá), en misteriosas zonas boscosas y húmedas donde no se podía dar dos pasos sin sacar la linterna del bolsillo.

También la música de los títulos de crédito, creada por Mark Snow, ha pasado a la historia y hoy día sigue siendo reconocible y se utiliza cada vez que alguien quiere dar un toque «paranormal» a cualquier asunto.

Definitivamente la tele de hoy no sería lo mismo sin las aventuras de Mulder y Scully, y su sombra, alargada, se proyecta sobre grandes éxitos como *Lost, Supernatural* o *Fringe*. Nos gusta el misterio. Que siga.

CURIOSIDADES (COSAS QUE DEBERÍAS SABER SI ERES SERIÓFILO)

Después del enorme de éxito de *Expediente X* Chris Carter se embarcó en otro proyecto también relacionado con lo sobrenatural pero mucho más arriesgado y oscuro: *Millenium*. Aunque solo alcanzó tres temporadas (su final estaba previsto para el cambio de milenio pero lamentablemente fue cancelada antes), está considerada una serie de culto, y no le faltan méritos para serlo.

Expediente X acumula más de un centenar de nominaciones a los premios más prestigiosos y ganó la mayoría de los más importantes, entre ellos 5 Globos de Oro, incluyendo la mejor serie de televisión, y también la interpretación (David Duchovny y Guillian Anderson) y nada menos que 16 premios Emmy.

La popularidad de *Expediente X* es tan grande que hasta se fabricaron una pareja de los conocidos muñecos Barbie y Ken caracterizados como Mulder y Scully.

Apta: para paranoicos, abducidos, defensores del chupacabras y fans de Duchovny antes de ponerse chulo en *Californication*.

No apta: para nadie. Hay que verla.

HANNIBAL

| NBC | 2013-2015 | 3 temporadas | 39 episodios |

Creador: Bryan Fuller

Basada en los personajes de la novela Red Dragon de Thoma
Harris, *Hannibal* es la enésima recreación del mundo del ar
chiconocido asesino caníbal Hannibal Lecter, que immortali
zó Anthony Hopkins en *El silencio de los corderos*. Pero ¡ojo
aquí todavía nadie conoce el verdadero Lecter y sus carnívo
ras aventuras: en la serie es un afamado psiquiatra que cola
bora con la policía para resolver unos asesinatos en serie muy
pero que muy macabros.

¿Y CLARICE, DÓNDE ESTÁN CLARICE Y SUS CORDEROS?

Clarice Starling, el oscarizado personaje de Jodie Foster en *I
silencio de los corderos,* no aparece en esta versión ya que a
basarse en la primera novela de la saga (*Red Dragon*), el in
vestigador es otro: el torturado y visionario agente especial de
FBI Will Graham (Hugh Dancy). El cine ha adaptado *Red Dra
gon* dos veces y Graham ha sido interpretado por Edward Nor
ton (en la película homónima de 2002) y William Petersen (e
Manhunt, de 1986). ¿Os suena William Petersen? Pues sí, e
mismísimo Grissom de *CSI*.

HANNIBAL LECTER, ESE PAPELÓN, Y OTROS ACTORES

Después de Anthony Hopkins (que ganó el Oscar por este pa
pel), interpretar al doctor Lecter suponía un reto para cual
quiera. Un marrón, vaya. Hasta que pensaron en otro del clu
de los tipos raros, el danés Mads Mikkelsen, uno de los rostro
más carismáticos del cine europeo. Nadie puede negar que s
extraña presencia se revela como algo de lo más inquietante

magnético de la serie. ¿Y quién es ese hombre? Mikkelsen es también un actor de larga carrera, básicamente en Dinamarca, y multipremiado en Europa, sobre todo por la película *La caza*, con la que ganó el premio al mejor actor en el festival de Cannes de 2012.

Pero Mikkelsen no está solo. A su lado también sobresalen el imponente Laurence Fishburne (que también hemos conocido en *CSI* y un montón de películas, entre ellas *Matrix*) y la siempre elegante y misteriosa Gillian Anderson en el papel de la doctora Bedelia du Maurier, la psiquiatra de Lecter. Ellos, junto a Hugh Dancy (quien, por cierto, en la vida real es el marido de Claire Danes), transitan en esta especie de versión onírica y barroca de los asesinos en serie, focalizados en Hannibal Lecter, el que más come de todos.

EL MENÚ DE HANNIBAL LECTER, GENTILEZA DE...

Cada título hace referencia al plato que cocina Lecter en el capítulo (y no desvelamos nada fuera de lo normal si intuímos que la carne es humana, en todas sus variantes). Y es que Hannibal es un gourmet muy bien asesorado, ya que de ello se encarga el cocinero español afincado en EEUU, José Andrés.

EL CAPÍTULO PERDIDO (Y RECUPERADO)

El capítulo cuarto de la primera temporada no se emitió por televisión en EEUU porque coincidió con el atentado de la maratón de Boston de 2013. Bryan Fuller, el creador, dice que no fue tanto por su contenido violento y sangriento, sino por respeto al clima de tensión que vivía esos días la sociedad norteamericana. Que no era el momento, vaya. El capítulo se convirtió (troceado) en webisodes y más tarde apareció en orden y completo en la edición de dvd/blu ray.

CURIOSIDADES (COSAS QUE DEBERÍAS SABER SI ERES SERIÓFILO)

El *showrunner* y adaptador Bryan Fuller es un reconocido productor y guionista que ha creado *Pushing Daisies* o *Dead Like Me*, series de culto relacionadas con la muerte, uno de sus temas favoritos. Pero los inicios de Fuller en la televisión los encontramos en la serie *Star Trek: Deep Space 9*. Como buen fanático y *geek* del universo *Star Trek*, en 1993 envió un par d historias a los productores para ver si lo contrataban. Y lo consiguió. Desde entonces no ha descansado ni un momento: también creó *Wonderfalls* (otra serie de culto) y trabajó en *Heroes*. Una máquina.

Para subrayar la exquisitez y el refinamiento de Hannibal Lecter, la banda sonora incluye música clásica y piezas compuestas por Brian Reitzell a modo de suites, delicadas y preciosistas. Reitzell también se ha encargado de la música de *Boss*, *Friday Night Lights* y algunas películas de Sofia Coppola como *Las vírgenes suicidas, Lost in Translation* y *Marie Antoinette*. En sus inicios, Reitzell fue el batería de la banda de punk-rock Redd Kross.

Apta: para fanáticos de la figura de Hannibal Lecter, los personajes inestables y los que quieran ver algo realmente diferente en la televisión: la puesta en escena es excepcional. Imprescindible para caníbales, naturalmente.

No apta: para amantes de las series policiales clásicas (aquí todo es muy exagerado, inverosímil), estómagos sensibles y vegetarianos.

MEDIUM

| NBC-CBS | 2005-2011 | 7 temporadas | 130 episodios |

Creador: Glenn Gordon Caron

Entre los muchos méritos de *Medium* se encuentra el haber sabido combinar el drama familliar con lo sobrenatural y con el género policíaco. Tradicionalmente han sido las películas y novelas policíacas las que han echado mano de los videntes, unos personajes más o menos creíbles pero siempre fascinantes, pero nunca hasta ahora se les había dado el debido protagonismo en una serie de televisión.

EL PODERÍO DE PATRICIA ARQUETTE

En este caso la vidente es la protagonista absoluta de la serie y su personaje, Allison DuBois (Patricia Arquette), está basado en una persona real del mismo nombre que plasmó sus (supuestas) experiencias paranormales en el libro *Don't Kiss Them Good-Bye*.

Medium es una serie episódica, es decir, en cada capítulo se plantea y se resuelve un crimen (normalmente oscuros asesinatos entre los que abundan aquellos perpetrados contra niños y mujeres indefensas). Sin embargo en algunas temporadas hay casos bastante más complejos cuya trama se desarrolla a lo largo de varios capítulos.

El mecanismo por el que Allison Dubois se comunica con el más allá suele ser el sueño. Cada noche se va a dormir y normalmente siempre se despierta con el corazón en un puño tras una terrible pesadilla en la que ha contemplado un crimen, o parte de él. Por suerte tiene junto a ella a su marido, Joe Dubois (Jake Weber), un ingeniero paciente y amante esposo, un santo varón que tiene que lidiar con su mujer y tres hijas con superpoderes. Muchas veces Allison no consigue ver el rostro del asesino, o desconoce dónde está la víctima, o solo recuerda una misteriosa canción... Lo cierto es que tiene que soñar varias veces con el caso para obtener las pistas necesarias que ayuden a recomponer el puzzle y resolver el misterio. Otras veces la médium ve y habla con los muertos (su suegro, por ejemplo, la visita varias veces en su casa, imagínense lidiar con eso) y en algunos episodios son sus hijas (tres niñas dulces, graciosas y rubias como su madre) las que deben descifrar los inquietantes mensajes que reciben desde el más allá en sus formas más variopintas.

Allison Dubois trabaja como ayudante del fiscal de Phoenix, Manuel Devalos (Miguel Sandoval), un hombre justo y paciente que se deja ayudar a pesar de su escepticismo inicial.

Entre fantasmas, niñas y asesinos en serie

A pesar del plácido cuadro familiar que protagoniza esta ficción, *Medium* no es la serie blanca que podría haber sido, sobre todo al principio. Los casos que se plantean resultan lo bastante sangrientos y perversos como para satisfacer al serieadicto más gore. El problema llegó con el cambio de cadena, de la NBC a la CBS, y de horario, lo que hizo que sus últimos capítulos fueran más ligeros, con menos sangre y menos enjundia, en definitiva.

En cualquier caso, la desazón que provoca la contemplación de tanto crimen retorcido queda perfectamente compensada gracias a los problemas domésticos y al retrato cargado de humanidad de la protagonista, bordado por Patricia Arquette, que por este papel obtuvo un Emmy y un buen puñado de nominaciones a los Globos de Oro. También sus hijas, en especial la mayor (Sofia Vassilieva), a la que se ve crecer literalmente temporada a temporada hasta convertirse en una adolescente, ofrecen unas interpretaciones excelentes para una serie nada convencional.

Y es que *Medium* podría haber sido algo anecdótico para amantes de lo sobrenatural, como ocurre con *Entre fantasmas*, pero siempre ha optado por arriesgar algo más en sus planteamientos y en sus formas. El problema de muchas series episódicas es que tienden a copiar tanto la fórmula que pierden la gracia. No es el caso de *Medium*, que con más de un centenar de capítulos a sus espaldas, busca constantemente la originalidad sin pasarse nunca de la raya.

Curiosidades (cosas que deberías saber si eres seriófilo)

La verdadera Allison DuBois ha explicado que aunque la serie no es fiel a su biografía, sí que refleja bastantes coincidencias: su marido también se llama Joe, es ingeniero aeroespacial y tienen tres hijas que parecen haber heredado el don de su madre.

Kelsey Grammer (el inolvidable actor que daba vida al no menos inolvidable Frasier) es uno de los productores ejecutivos del proyecto y también aparece en un capítulo de la segunda temporada intepretando a la Muerte. Sí, lo habéis leído bien: la Muerte.

Patricia Arquette se considera una actriz de televisión porque cree que en este medio hay más y mejores papeles para las mujeres que en el cine. Así, después de *Medium*, y recién galardonada con un Oscar por su participación en *Boyhood*, se ha decantado por protagonizar otra serie, *CSI: Cyber*, de reciente estreno.

Apta: para amantes de series con niños, ectoplasmas, conectados al más allá y partidarios del ojo por ojo.

No apta: para miedosos, escépticos, amantes de las series familiares blancas.

ORPHAN BLACK

SPACE BBC America | 2013+ | 4 temporadas | 40 episodios

Creadores: Graeme Manson y John Fawcett

Sarah Manning (Tatiana Maslany), madre soltera, buscavidas, inestable, vividora, amante a ratos de las drogas, sufre un shock cuando en una estación de tren una chica que se parece a ella se tira a las vías. Pero no sólo se parece a ella, ¡es idéntica! Eso lo descubre cuando decide robarle el bolso y coge su carnet de identidad. Como no tiene nada que perder (ni mucho en la cabeza) decide hacerse pasar por su doble, que resulta ser policía, tiene un novio que está muy bueno, y una casa estupenda.

Así comienza *Orphan Black* y esto es un *spoiler* de los primeros cinco minutos de una aventura delirante sobre una mujer que descubre que tiene un montón de clones por el mundo y que alguien está intentando eliminarlos. Sarah Manning es una superviviente y como tal, sobrevivirá a la persecución, y se pondrá en contacto con algunas de sus clones en un intento desesperado de averiguar quién es y cómo fue concebida. Las principales, que se convertirán en sus amigas, son Alison Hendrix, una *soccer mom* con agallas, y Cosima Niehaus, bióloga que lleva un tiempo investigando sus particularidades genéticas y que tiene una enfermedad degenerativa que padecen algunas de ellas. Al lado de Sara, su extraña familia, Félix Dawkins (Jordan Gavaris), su medio hermano adoptivo, gay, divertido, prostituto ocasional y supuestamente artista, siempre a su lado, aguantando estoicamente sus excentricidades y su egoísmo y ayudándole a cuidar a su hija, Kira (Skyler Wexler), que a menudo vive en casa de su madre de adopción, a quien llaman Mrs. S. (Maria Doyle Kennedy), personaje que en algún momento también tiene alguna conexión con su oscuro pasado. Kyra es el objeto más

deseado de toda la persecución, ya que hasta ahora ninguna de ellas ha conseguido reproducirse. Sólo lo ha conseguido Sarah, en un polvo ocasional, claro y sin que el padre sea consciente de que lo es, aunque cuando aparece en la serie, nos alegramos que fuera él el elegido, porque es el actor y músico holandés Michiel Huisman, un padre muy trabajador, ya que aparece también en *Juego de tronos* y *Nashville*.

EL LADO OSCURO

Un buen caldo de cultivo para una historia que mezcla cotidianidad, acción e intriga a manos llenas e incluye una clon asesina, maltratada en un orfanato ruso, que es inseminada como si fuera un caballo y un centro de investigaciones genéticas, el Dyad Institute, oscuro y peligroso, donde Cosima encontrará el amor de su vida, la dr. Delphine Cormier (Évelyne Brochu), otra científica que no sabemos con quien juega la partida. Una de las directoras del centro es Rachel, otra clon, esta vez en el lado oscuro, antipática y fría como el hielo, no tiene ningún sentimiento hacia sus hermanas. Es un fiel retrato de una yuppie despiadada.

UN JUEGO DE MUÑECAS RUSAS

La trama de intriga incluye en su delirante galope escenas donde una clon se hace pasar por otra mientras la otra se hace pasar por ella, a causa de los líos de la acción. Mentiras, misterios y situaciones extremas se mezclan con las preocupaciones de Alison por su vida en el suburbio acomodado y el descubrimiento de que su marido no es más que uno de ellos ¿O quizá no? ¿O quizá sí? ¿Hago una barbacoa este domingo? Los intentos artísticos de Félix y las preocupaciones maternales de Sarah, que justo en el momento de entrar en el lío, había decidido comportarse por fin como una buena madre y sentar la cabeza.

CURIOSIDADES (COSAS QUE DEBERÍAS SABER SI ERES SERIÓFILO)

Orphan Black se ha colado en este libro, porque, en realidad, no es una serie norteamericana, sino canadiense, aunque se emite en Estados Unidos y Canadá simultáneamente.

La actriz Tatiana Maslany se desdobla en diez clones (en la primera temporada) de sí misma, dándole a cada personaje un matiz diferente (además de usar pelucas y otros elementos). Tras una campaña de protesta masiva de sus fans por internet, la actriz ha sido nominada finalmente en los Emmys 2015 en la categoría de mejor actriz protagonista.

La serie ha dado el salto en dirección contraria: de la televisión al cómic. En el Comi-con 2014 se anunció la publicación de una colección de cómics con Sarah Manning de protagonista.

Orphan Black habla de la identidad en un sentido muy amplio. El hecho que una de las clones sea lesbiana y el mejor amigo de la protagonista sea gay y que esto no sea un «tema» a tratar entre los personajes, la ha convertido en una serie de talante abierto y liberal, con muchos fans, cuatro Globos de Oro y un Peabody.

Apta: para gente amante de la ciencia ficción y la aventura por la aventura.

No apta: para gente con problemas de identidad (no duermen seguro).

PERDIDOS
(LOST)

ABC	2004-2010	6 temporadas	121 episodios

Creadores: J. J. Abrams, Jeffrey Lieber y Damon Lindelof

Las vivencias de un grupo de supervivientes de un acciden-te aéreo en una isla desierta podría parecer una idea poco ori-ginal para plantear una serie, desde *La isla de Gilligan*. Hasta que llegó *Perdidos*, uno de los mayores éxitos televisivos de to-dos los tiempos y la serie que lo cambió TODO.

EL ANTES Y EL DESPUÉS DE *LOST* EN LA TELEVISIÓN

Fue su éxito apabullante en todo el mundo a través de internet lo que dio origen al fenómeno de la mundialización de las se-ries y las cadenas no tuvieron más remedio que ponerse las pi-las porque los espectadores habían decidido que necesitaban alimentarse simultáneamente de aquellos manjares televisi-vos y los necesitaban YA. Los hábitos de consumo de la ficción no serían lo mismo si *Lost* no hubiera existido.

Parece ser que el origen de todo fue la petición de un direc-tivo de la ABC de concebir una serie que uniera el concepto del reality «Survivor» y la película *Cast Away (Náufrago)*.

EL TIEMPO ES RELATIVO Y LOS FINALES, DE INFARTO

Explicar el argumento de la serie no resulta sencillo. Tras es-trellarse en una isla paradisíaca y aparentemente desierta, un grupo de supervivientes (y un perro) del vuelo 815 de Oceanic Airlines debe enfrentarse a toda una serie de peligros y miste-rios inexplicables: desde osos polares que viven en la selva, a un ente terrorífico con forma de humo negro que arranca ár-boles de cuajo a su paso o los extraños habitantes de la isla, los denominados por los protagonistas como «los otros». Mientras esperan ser rescatados y tratan de sobrevivir, conocemos retazos de las vidas previas al accidente de los personajes a través de *flashbacks* no menos misteriosos que parecen indicar que estaban predestinados a subir a ese avión por alguna razón que incluso los mismos protagonistas desconocen.

La estructura narrativa de la serie se fue complicando a medida que avanzaban las temporadas y los *flashbacks* pasaron a mezclarse con *flashforwards* (avances de escenas que sucederán en el futuro) o incluso *flashsideways* (escenas de realidades alternativas o paralelas), utilizados en la última temporada.

Un fenómeno de masas en todo el mundo

Se han escrito ríos de tinta sobre *Perdidos*. Mientras se emitía, medio mundo se devanaba los sesos intentando dar una explicación coherente a lo que sucedía en la isla aunque solo los guionistas conocían la verdad (o quizás no...): ¿Por qué han ido a parar a esa isla? ¿Quiénes son «los otros»? ¿Están los supervivientes muertos y no lo saben? ¿Qué significan los números 4, 8, 15, 16, 23, 42? ¿Los números ganadores de la primitiva? ¿Por qué no adelgaza Hugo (Jorge García)? ¿Qué hay en la escotilla? ¿De quién está enamorada Kate (Evangeline Lilly), de Jack (Matthew Fox), o de Sawyer (Josh Holloway)? ¿Cómo es que Locke (Terry O'Quinn) puede caminar? ¿Quién demonios es Benjamin Linus (Michael Emerson)?

Semana a semana millones de espectadores (solo la primera temporada fue seguida por más de 16 millones de personas en Estados Unidos) quedaban con el alma en vilo, enganchados sin remedio a la serie más adictiva que haya existido jamás. Y temporada a temporada las tramas se iban complicando tanto que hubo un momento en que muchos espectadores se cabrearon porque se estaba perdiendo la esencia de su éxito (que no se entendía nada, vamos). Y es que hay series que no deberían durar tanto si pretenden morir dignamente.

Todas las preguntas hallaron su respuesta final el 23 de mayo de 2010. Ese día llegó el esperado episodio final, emitido simultáneamente en varios países. Seguramente no existía ninguna explicación que pudiera poner un punto final digno para unas historias que se habían complicado hasta rozar lo metafísico. Lo cierto es que durante semanas los fans de la serie valoraron y reinterpretaron el polémico final y aún hoy día es motivo de debates encendidos. Y es que la serie ya forma parte de la cultura popular en todo el mundo. Tanto, que si alguien quiere entablar conversación en un bar con un desconocido puede preguntar si le gustó el final de *Perdidos* en lugar de echar mano del socorrido horóscopo.

CURIOSIDADES (COSAS QUE DEBERÍAS SABER SI ERES SERIÓFILO)

Perdidos se rodó en la isla de Oahu, en Hawai, y su capítulo piloto fue en su momento el más caro de la historia de la televisión (14 millones de dólares) y merecedor de dos Emmy (a la dirección y al montaje). El plano detalle del ojo de Matthew Fox abriéndose al despertar tras el accidente (la primera imagen del piloto) ya ha pasado a la historia de la televisión. Su austera careta, una sencilla tipografía blanca sobre fondo negro que giraba sobre sí misma hipnóticamente, ha sido copiada y homenajeada hasta la saciedad, al igual que su recurrente motivo musical concebido por J. J. Abrams, un contundente *crescendo* que pone los pelos de punta y que ha creado escuela.

Se puede afirmar sin temor a equivocarse que hoy en día si no has visto *Perdidos* eres un friki, un inadaptado social o un extraterrestre.

J. J. Abrams, el más popular de los creadores de *Perdidos*, se ha convertido gracias al éxito de la serie en el paradigma del *showrunner* televisivo. Después de esta serie se embarcó en la creación de otra serie singular, *Fringe* –que tampoco supo acabar–, y escribió y dirigió la película *Super 8*. Sin embargo su talento no fue tan reconocido en trabajos anteriores y fue candidato a un merecido premio Razzie al peor guión por la película *Armageddon*. Ahora se ha puesto a la cabeza de la nueva franquicia de *Star Wars*, como ya hizo con la de *Star Trek*, y todos cruzamos los dedos.

Apta: para todos los públicos, edades, condiciones y gustos.
No apta: para mentes cuadriculadas, gente con miedo a los aviones, personas sin imaginación.

Ultratumba

ARROW

| CW | 2012+ | 4 temporadas | 96 episodios |

Creador: Greg Berlanti, Marc Guggenheim y Andrew Kreisberg

El heredero de una de las grandes fortunas de Starling City es un niño pijo sólo preocupado por ligar la noche con el día. En un momento de lucidez inconsciente decide tener un lío con la hermana de su novia y en vez de ir al cine o a bailar, se la lleva a dar una vuelta en su yate. Curiosamente, en él también viaja su padre. El yate es grande, pero, ¿hacía falta? Total, naufragan, todos mueren, y él, como Buster Keaton en *El Navegante*, tiene que espabilar. Se lo toma tan a pecho que se pasa cien pueblos y no sólo sobrevive en una isla abarrotada de asesinos, sino que se convierte en un super-héroe. No hay mal que por bien no venga. Y cinco años después, vuelve a casa para vengarse de los enemigos de su padre. Aunque *Arrow*, como el resto de los superhéroes, podría llamarse Cliff Hanger, en realidad se llama Oliver Queen.

Héroe por accidente

Arrow es casi un *spin-off*. Green Arrow, que es el verdadero nombre de Oliver Queen, apareció durante cinco años como personaje en *Smallville*, la serie del superman jovencito, la gran estrella junto a Batman de DC comics.

Todo el mundo vio el potencial del personaje. Así que los productores y DC decidieron despedir al actor que había defendido el papel durante un lustro y buscar a otro que se pareciera a Batman, pero no a cualquiera, sino a ese más oscuro

tipo Christopher Nolan (ese año había triunfado con su propuesta en el cine). Y por eso le quitaron el Green para hacerlo Black. Y por eso algunos se preguntan que si querían hacer una serie sobre el héroe con mayordomo, por qué la llamaron *Arrow*.

La estructura de los capítulos es invariablemente una mezcla de tramas de sus problemas actuales con los *flahsbacks* de su evolución en la isla, en Hong Kong, en Rusia o donde sea. Los personajes y las historias se mezclan en el presente y en el pasado.

Si no quieres caldo, diez tazas

Arrow es también una de esas series muñeca rusa y guarda en su interior un montón de nuevas series. La segunda *The Flash*, ese chico que les ayuda en la segunda temporada porque le gusta *Felicity*, pero acaba marchándose de vuelta a su ciudad para ser un súper héroe y triunfar en la tele. Ha ido tan bien que ha conseguido la renovación automática y aumentar la audiencia de *Arrow*. El *crossover* del octavo capítulo de las dos series rompió todos los récords.

Antes ya habían hecho *Blood Rush*, un «anuncio» de Bose corporation grabado en Vancouver, con estos protagonistas: Ron Harper, el ayudante de *Arrow*, Quentin Lance, el poli, que además es padre de las chicas, y Felicity Harper, la experta en IT.

Después fue *Vixen*, una webserie de la familia situada en Detroit, posteriormente *Legends of Tomorrow*, donde aparecen otros superhéroes y donde los hermanos de *Prison Break*, Dominic Purcell y Wentworth Miller ya han confirmado su presencia.

En la gira de invierno de la Asociación de críticos de televisión el presidente de la cadena anunciaba otro *spin-off* centrado en Atom/Ray Palmer, aunque un mes después se echó atrás y «quizá» hacer *El Escuadrón Suicida*, todavía siguen hablando de ello, o *Black Canary*, o... hasta que el canal CW solo programe productos de DC comics.

RA'S AL GHUL NO TE TIRA AL POZO

Arrow, como pasa con la mayoría de las series que no cancelan, ha ido mejorando temporada tras temporada. El protagonista, aunque es duro como una piedra y cumple su cometido, algunas veces también es de cartón piedra. Y para nuestro gusto, han tenido algún error de *casting*, como la elección de Quentin como un padre que parece más joven que su hija. Suerte que en la segunda temporada le cortaron el pelo para envejecerlo. *Felicity*, en cambio, es el gran acierto de la serie y es uno de los imanes de un producto que se deja ver incluso cuando su héroe se pone filosófico dirimiendo entre la venganza y seguir ligando, su razón de ser, y la justicia, en mayúsculas y empezar a ligar, la razón de ser de su equipo. El estreno en CW consiguió la mejor audiencia desde *The Vampire Diaries* tres años atrás y como habéis visto con las secuelas, todavía siguen agradeciéndolo.

Y como se trata de DC Comics hay un ídem digital que saca un capítulo semanal en paralelo a la serie y un videojuego para el resto de la semana.

Apta: para aficionados a la acción en general, a los tebeos en particular y a Nietzsche.
No apta: para aficionados de Jane Austen.

JUEGO DE TRONOS
(GAME OF THRONES)

HBO	2010+	7 temporadas	70 episodios

Basada en: Canción de hielo y de fuego, de George R.R. Martin

Creadores: David Benioff y D.B. Weiss

Estamos seguros de que todos los que tenéis este libro entre las manos os habréis hecho aquella aguda pregunta que tanto entretiene en algunos círculos sociales: ¿Es mejor el libro o la película? Las matemáticas lo dejan claro: un guión tiene unas cien páginas, un *best seller*, unas quinientas. Ergo, es imposible, por mucho que una imagen valga más de mil palabras, reflejar un universo literario. Pero una serie es diferente, la peli nos acerca a esa joya de la literatura durante dos horas, mientras que una serie nos ofrece de doce a dieciocho horas para el mismo fin. Ahora bien, no todos somos matemáticos, y algunos podemos creer que comparar libros con películas y series es un sinsentido. Viene a ser lo mismo que comparar perros con gatos, o madres con padres. ¿Y tú a quién quieres más?

LOS CABALLEROS DEL MUNDO REDONDO

Una serie de capa y espada e intrigas palaciegas. Una fantasía medieval y luchas dinásticas. Todo en un mundo mágico dominado por dragones y otros seres fantasmagóricos, en un *totum revolutum*, de sexo, violencia y política, en la batalla por el trono de hierro. *Juego de tronos* está basada en la saga *Canción de hielo y de fuego*, de George R.R. Martin, donde varias familias nobles se matan entre ellas para conseguir el trono de hierro. Robert Baratheon acabó con los Targaryen y, quince años atrás, se coronó como líder de los siete reinos de poniente. El señor de Invernalia, Ned Stark, aceptó ser la mano del rey, sólo para proteger a su familia, mientras que su hijo bastardo, Jon Snow, se va a engrosar las filas de la guardia de la noche, que protege el inmenso muro que los separa de los salvajes y los monstruos. Mientras el heredero de los Targaryen vuelve con su hermana a recuperar el trono...

Un escritor trabaja lento...

Martin había prometido siete libros, de los que sólo ha entregado cinco, el sexto se espera para 2016 y el último que publicó fue en el 2010, muy lento, y el primero apareció en 1996. La fama no le deja escribir. El título del primer libro es *Juego de tronos*, que es el que utilizarán para la serie.

Por culpa del éxito

La primera temporada arrasó. La adaptación fue muy esmerada y todo el mundo esperaba la segunda parte, pero la realidad hizo que algunos se empezaran a decepcionar. No era choque de reyes. Y después del éxito apabullante decidieron que un libro duraría dos temporadas y los fans se enfadaron. En la cinco partieron los libros y es seguro que en la sexta se adelantarán al libro, porque éste no se ha publicado y en cambio ya se ha producido la temporada.

CURIOSIDADES (COSAS QUE DEBERÍAS SABER SI ERES SERIÓFILO)

Daenerys Targaryen, la actriz inglesa Emilia Clarke, rechazó el papel de *50 sombras de Grey*, porque aparecía desnuda demasiadas veces. Y es la nueva Sara Connor en el nuevo *Terminator*. Curiosamente, la actriz Lena Headey también hizo de Sara Connor en la serie.

Nikolaj Coster-Waldau, el «matareyes», es danés y ahora le va mejor que cuando hizo *New Amsterdam*, que la FOX canceló después de ocho capítulos, pero al menos consiguió el carnet de las Screen Actor Guild. Habla con acento danés y el inglés de clase alta de GOTH le ha costado lo suyo.

Todos sabemos que después de que un actor o actriz trabaje en el cine porno es muy difícil que encuentre trabajo en cualquiera de las muchas facetas de la industria del cine. Si exceptuamos a Tracy Lord y Ron Jeremy y algún otro. Pero los tiempos cambian y gracias a Charlie Sheen y a los productores y a los jefes de *casting* de *Juego de tronos* han aparecido hasta seis actrices con experiencia en el porno: Sibel Kekilli, una actriz porno de padres turcos, que quemaron sus fotos y la repudiaron, Aeryn Walker, una australiana autoproclamada feminista porno-star, Samantha Bentley, Jessica Jensen, Maisie Dee, y Sahara Knite.

El libro se inspira en la guerra de las dos rosas.

Ganaron un Globo de Oro y quince premios Emmy. Como actor, el Emmy se lo llevó Peter Kinklage, por su papel de Tyrion Lannister.

La primera temporada costó 60 millones (el piloto 10), la segunda 70 y cada temporada va subiendo. Es la serie más cara de todas.

Apta: para niños y mayores.
No apta: para naturalistas fans de Zola.

LES REVENANTS

Canal+	2012+	1 temporada	8 episodios

Basada en la película de: Robin Campillo, Brigitte Tijou (2003)
Adaptada por: Fabrice Gobert

RESURRECTION

ABC	2014-2015	2 temporadas	21 episodios

Creador: Aaron Zelman a partir del libro de Jason Mott
The Returned.

THE RETURNED

A&E	2015	1 temporada	10 episodios

Basado en la serie francesa: Les Revenants
Adaptación: Carlton Cuse

En un pequeño pueblo empiezan a llegar amigos y familiares muertos, incapaces de recordar como fenecieron y lo que les ha pasado. Vuelven con la misma edad con la que se fueron. «Lázaro, levántate y camina.» El shock que producen en sus familias y amigos es de campeonato. Vamos a hacer gore, como la dirección general de tráfico. Imagínate que aquel familiar o aquel amigo que murió hace ocho años en un accidente viene a tu casa para jugar un partido como cuando teníais quince, el problema es que tú ya tienes veintitrés. Pues eso.

PROBLEMAS BAJO TIERRA, QUE EMERGEN

Tres series iguales con el mismo tema. Porque la cosa tiene narices. Empezamos con el origen: *Les Revenants*, que es una película francesa dirigida por Robert Campillo y escrita por él junto a Brigitte Tijou, en el 2004 que en Estados Unidos se llamó *They Came Back*. Los franceses, el 2011, empezaron a adaptarla para hacer una serie con el mismo título: *Les Revenants*. Sundance TV la emitió en Estados Unidos como *The Returned*. Ganó un Emmy Internacional.

Entonces un señor llamado Jason Mott escribió una novela llamada *The Returned*, dice él, después de un sueño donde se le aparecía su madre muerta. Los de la tele, en Estados Unidos, compraron los derechos e hicieron una adaptación a la que llamaron *Forever*. Pero cuando la ABC la puso en marcha, le cambió en título a *The Returned*. Un jaleo. Después, como llovieron críticas y comentarios, para no quedar como copiones, tiraron de hemeroteca. Y dijeron: eso también pasa en una película japonesa del 2002, *Yomigaeri*, de unos que resucitan y los integran en la sociedad o *Pet Sematary* de Stephen King, aunque ahí sólo resucitaba uno. O *Babylon Fields*, un piloto de la CBS en 2007, ligeramente parecido, y pasaron. Ahora parece que la NBC esta haciendo otro piloto. Y finalmente, también los ingleses han caído, con *In the Flesh*, aunque en esta serie no resucita nadie. Sencillamente han encontrado una cura para que los muertos vivientes sean más vivientes que muertos. Y así, con inyección extraña incluida, los devuelven a su pueblo para que se reintegren en la sociedad. Y nosotros añadimos La Biblia y a Lázaro, el primer zombi de la historia occidental.

La francesa, que es la serie original, se emitió durante los meses de noviembre y diciembre de 2012, en el Canal Plus France. La primera temporada, siguiendo las modas inglesas, sólo tiene ocho capítulos. En la película de 2004, es un despiporre: setenta millones de personas, lavadas y planchadas, vuelven de la muerte. En las series, el número de «retornados» es mucho menor. El primero que vuelve en las tres es el niño, y después todos los demás. Todos los pueblos están cerca de un sitio con agua (que es el morir) y los primeros que retornan se ahogaron por diversas circunstancias, «Nuestras vidas son los ríos que van a dar a la mar, que es el morir.»

Decía algún crítico que los *remakes* tienen más que ver con el dinero que con la imposibilidad de los estadounidenses para aprender idiomas o leer subtítulos.

Curiosidades (cosas que deberías saber si eres seriófilo)

Resurrection la filmó la productora de Brad Pitt, Plan B Entertainement.

Podíamos haber hablado de más series con el mismo tema, como los 4400, pero no vamos a hacerlo.

Resurrection rompió récords de audiencia en Australia.

Les Revenants (la película) fue seleccionada por el Festival de Sitges 2004, donde fue finalista a la mejor película. En inglés la retitularon como *They Come Back* o *The Returned* y en España *La Resurección de los muertos*. La han emitido, además de en Francia, en Bélgica, en Reino Unido, Suecia, Taiwan, Brasil, Australia, Islandia, Canadá...

El mismo director, Robin Campillo, años después hacía *La Clase (Entre les murs)*, con ella ganó la Palma de Oro en Cannes (2008) y fue nominada a los Oscars como mejor película extranjera.

Apta: para Juan Simon y su familia, y todos los que quieran pasar un buen rato.
No apta: para trabajadores de una funeraria.

THE STRAIN

FX	2014+	2 temporadas	16 episodios

Creadores: Guillermo del Toro y Chuck Hogan

The Strain ha sido una de las sorpresas del 2014. Aunque de momento solo se ha visto la primera temporada, el éxito de crítica y público le auguran un futuro esperanzador. Veamos por qué.

Bichos en Nueva York

La entrega que se ha emitido es una adaptación bastante fiel de Nocturna, la primera novela de una conocida trilogía vampírica escrita por los mismos creadores de la serie, el cineasta Guillermo del Toro y Chuck Hogan. La intención inicial es adaptar la trilogía completa y ver si da para cinco temporadas.

El piloto arranca cuando un avión cargado de pasajeros muertos aterriza en Nueva York y nadie sabe qué ha pasado. Pronto el protagonista, un científico especialista en epidemias, Eph Goodweather (Corey Stoll) descubre que unos extraños parásitos, unos gusanitos blancos repugnantes, han acabado con la vida de los viajeros. Pero aún hay más, porque una cosa lleva a la otra y al final los pasajeros muertos resucitan convertidos en una especie de vampiros-monstruos con una lengua bífida y kilométrica que amenazan con merendarse a todos los habitantes de Manhattan en cuatro días, o mejor dicho, noches...

Un extravagante anticuario armenio llamado Abraham Setrakian (David Bradley), que en realidad es un cazavampiros, un Van Helsing en toda regla, se pone en contacto con el científico para advertirlo del verdadero peligro al que se expone. Y así empiezan las aventuras de un grupo de protagonistas variopintos que intentan enfrentarse a la devastación que se extiende por la ciudad de los rascacielos sin que el mundo parezca enterarse de lo que está pasando realmente.

No, no todos los vampiros están buenos

Alejada de las propuestas de vampiros más románticas, como la saga *Crepúsculo* o la posmoderna *True Blood*, protagonizadas por seres malignos pero terriblemente atractivos y sexualmente portentosos de los que cualquier mortal se enamoraría sin dudar, *The Strain* retrata a unos seres que están más emparentados con el bicho de *La cosa*, los vampiros de *Blade* o incluso *Alien* (la boca emergente y chorreante de Alien tiene aquí una réplica bastante exacta). Imposible enamorarse de algún miembro de esa legión maléfica, pestilente y chupadora de sangre que se pasea por Manhattan cuando se pone el sol.

Viva la serie... B

La serie además no escatima en babas, sangre y toda clase de efluvios viscosos, humanos o no. Si a este apetitoso cóctel sanguinolento le añadimos unos cuantos nazis con superpoderes (sí, nazis ancianos saltando a vagones de metro en marcha), una vieja fumadora con alzheimer (un peligro en una ciudad tomada por las alimañas nocturnas) y un niño pesado y métomentodo (el hijo del protagonista) ya tenemos armado un tinglado lleno de peligros, misterios, supervivencia y acción. En ese sentido *The Strain* no defrauda a los amantes del horror y del género fantástico con toques genuinamente gores. No le falta nada, ni siquiera algunas notas de humor para aderezar la ensalada de vísceras como mandan los cánones del género.

Aunque a veces puede ponerse algo profunda sin que le haga ninguna falta, la serie resulta un gran divertimento lleno de escenas magníficas y espeluznantes con el sello inconfundible del director y productor mejicano del Toro.

CURIOSIDADES (COSAS QUE DEBERÍAS SABER SI ERES SERIÓFILO)

Si hay algo que ha dado que hablar durante la primera temporada de *The Strain* ha sido la peluca inverosímil que luce su protagonista, el actor Corey Stoll, a quien muchos seguidores han visto (aunque puede que no lo hayan reconocido) en *House of Cards* con su craneo original al descubierto. Las redes sociales pueden ser crueles a la vez que influyentes, hasta el punto de que los responsables de la serie han anunciado que solucionarán convenientemente la cuestión capilar del protagonista, giro argumental mediante. Ya lo veremos. El caso es que no se había hablado tanto de cuestiones de peluquería desde la fantástica prótesis capilar de Julianna Margulies en *The Good Wife*.

Además de Corey Stoll, hay otros rostros conocidos entre los protagonistas. Destacan entre ellos la actriz Mia Maestro, que salía en *Alias*, y el ya mencionado David Bradley, un veterano que sale en *Juego de tronos* (el inolvidable anfitrión de la «boda roja» de la tercera temporada) y en la aclamada *Broadchurch*.

> **Apta:** para amantes de la serie B, adictos al ajo, a la casquería más infecta y a los bichos repugnantes, también para nostálgicos del Cronenberg primerizo.
>
> **No apta:** estómagos delicados, hipocondríacos y fans de los guaperas de *True Blood*.

THE WALKING DEAD

AMC	2010+	6 temporadas	80 episodios

Adaptador: Frank Darabont (basada en los cómics de Robert
Kirkman y Tony Moore)

Los zombies son unos personajes cansinos, casi indestructibles (tienen en el cerebro, que no usan, su punto débil, qué cosas). Son asquerosos y es normal que mucha gente los deteste y ponga cara de arcada inminente cuando se pronuncia la palabra zombie.

Miedo, vísceras y existencialismo

¿Es *The Walking Dead* una-serie-de-zombies? Sí. Sí y no. Hay zombies, muchos, para qué negarlo. Una plaga insoportable que aparece donde menos te lo esperas acosando a los protagonistas constantemente con sus pestilencias, sus ropas rasgadas, sus muñones podridos y sus andares erráticos. Pero hay mucho más. *The Walking Dead* es, ante todo, una historia apocalíptica, y como tal, genera grandes dosis de desasosiego y pesimismo ante la conveniencia o no de la supervivencia de la especie humana.

No estamos ante un producto de serie Z o de un videojuego de matar o morir a los que el subgénero zombie nos tiene acostumbrados. De hecho, tras el estreno de la serie, los fans más acérrimos del género criticaban la «falta de acción», sangre y vísceras del capítulo piloto, que optó por un ritmo pausado, elegante y en todo momento tremendamente inquietante. Lástima que Frank Darabont fuera despedido transcurrido el primer año, aunque de todas formas siempre habrá que agradecerle que supiera otorgar un toque especial y muy personal a la serie para que llegara a gustar tanto a los frikis de las tripas y las desmembraciones como a los que veneran las series de culto más filosóficas y transcendentales.

RICK Y SU GRUPO: PERDIENDO LA HUMANIDAD

The Walking Dead sitúa la acción en los alrededores de Atlanta, y empieza cuando un policía llamado Rick (Andrew Lincoln) despierta en un hospital y se encuentra en medio de una ciudad desierta, abandonada, arrasada, pasto de un virus que ha convertido a los seres humanos (niños incluidos) en zombies. Difícil imaginar un despertar de coma más angustioso. Pero Rick es un tío duro y se dispone a localizar a su familia. Su mujer, Lori (Sara Wayne Callies) y su hijo, Carl (Chandler Riggs) forman parte de un grupo de supervivientes liderado por un antiguo compañero de Rick, Shane (Jon Bernthal). Rick consigue reunirse con ellos, se pone al mando de la situación, y el grupo trata de sobrevivir mientras se enfrenta a hordas de «caminantes» que acechan por todas partes. Hasta ahí la primera temporada, memorable.

En las sucesivas temporadas los protagonistas se topan con otros supervivientes. A veces el encuentro es satisfactorio, como sucede en la granja de Hershel (Scott Wilson), un apacible veterinario que vive con sus hijas, pero otras veces el contacto con los seres humanos acaba siendo mucho más arriesgado que con los mismísimos zombies. Es lo que ocurre cuando Rick y su grupo llegan a Woodbury, un pueblo aparentemente pacífico liderado por un soberbio Gobernador (David Morrissey), uno de los personajes más turbios y celebrados de la serie. Y algo parecido ocurre cuando después de mucho caminar llegan a Terminus, un refugio donde nada es lo que parece...

Capítulo a capítulo la serie muestra un mundo sin esperanza donde al final todo se reduce a matar o morir en aras de la supervivencia. Todo está pensado para recrear una atmósfera de peligro constante, desolación y angustia: desde la fotografía a la careta y el mareante motivo musical que la acompaña, compuesto por Julian «Bear» McCreary (autor también de la excelente banda sonora de *Battlestar Galactica*). Los amantes de los efectos especiales y del maquillaje disfrutarán especialmente con la caracterización de los caminantes, no exenta de sentido del humor.

Inquietante, tensa, magistral incluso en los capítulos menos trepidantes, *The Walking Dead* deja sin aliento.

CURIOSIDADES (COSAS QUE DEBERÍAS SABER SI ERES SERIÓFILO)

AMC acaba de estrenar (2015) una nueva serie, una precuela de *The Walking Dead* titulada *Fear the Walking Dead,* que no se basa en los cómics de Kirkman y Moore y que intentará recrear cómo se gestó y propagó el virus que está a punto de acabar con la especie humana.

Robert Kirkman, el autor de los cómics del mismo título en que se inspira la serie (*Los muertos vivientes,* en español), colabora como productor y ha escrito algunos capítulos. Sin embargo en la serie hay personajes y situaciones que no tienen nada que ver con sus cómics y se ha mostrado algo crítico con los cambios en algunas entrevistas.

Hannah es el nombre del primer zombie que Rick elimina al salir del hospital en una secuencia antológica. Se trata de una caminante bastante deteriorada que se arrastra y a la que le falta el cuerpo de cintura para abajo. Existe una webserie que narra la vida previa de ese personaje, que también aparece en el cómic original, aunque allí conserva el cuerpo entero.

Apta: para zombiólogos, misántropos, amantes de la carne al punto.

No apta: para veganos, seguidores de *El mundo de la tarta de fresa* y optimistas recalcitrantes.

TRUE BLOOD
(SANGRE FRESCA)

HBO	2008-2014	7 temporadas	80 episodios

Creador: Alan Ball (basada en las novelas de Charlaine Harris)

Después del éxito obtenido con *A dos metros bajo tierra*, la cadena HBO encargó a su creador, Alan Ball, un nuevo proyecto. Cuentan que el guionista llevaba meses devanándose los sesos cuando vio por casualidad una novela de Charlaine Harris en la sala de espera del dentista y le llamó la atención una frase: «Tal vez no es tan buena idea tener a un vampiro como novio».

VAMPIROS DE HOY EN DÍA O LA INTEGRACIÓN DE LAS MINORÍAS

Inspirado por esta idea tan delirante como sobre explotada (la saga *Crepúsculo* ha hecho mucho daño a la ficción en general, qué le vamos a hacer) Alan Ball se puso en contacto con la autora de las novelas de *The Southern Vampire Mysteries* para negociar los derechos de la adaptación televisiva. Tuvo que esperar unos años porque Charlaine Harris había cedido los derechos para hacer una película, aunque por suerte el proyecto no llegó a buen término.

Así nació uno de los productos televisivos más originales, locos y arriesgados de la última década. Ya el punto de partida nos avisa de que no estamos frente a una historieta habitual: resulta que acaba de inventarse la sangre artificial y esto ha provocado que los vampiros hayan salido a la luz pública para integrarse en la sociedad puesto que ya no necesitan asesinar a humanos para alimentarse.

La acción se desarrolla en un pueblo recóndito de Luisiana llamado Bon Temps y está protagonizado por una camarera

con poderes paranormales llamada Sookie Stackhouse (Anna Paquin) que se enamora de un portentoso vampiro, Bill Compton (Stephen Moyer).

La serie juega con una doble lectura permanente a modo de sátira política más que evidente: los vampiros son una minoría oprimida, víctima de los prejuicios, que lucha por sus derechos (como cualquier minoría racial y sobre todo, sexual). Y es que los paralelismos son tan claros con el movimiento LGBT que hasta se verbaliza que los vampiros deben «salir del ataúd» como si de «salir del armario» se tratara y se polemiza por cuestiones como la legalidad del matrimonio entre humanos y vampiros (en clara referencia al matrimonio homosexual) o las organizaciones ultraconservadoras como la Hermandad del Sol (que recuerda claramente al Klu Klux Klan).

MÚSICA MODERNA Y MUCHO CACHONDEO

Como no podía ser de otra manera en una serie con el sello de Alan Ball, la música tiene una gran presencia. Para empezar es toda una declaración de intenciones que los títulos de cada capítulo sean títulos de canciones. La banda sonora, cuyo último responsable es el supervisor Gary Calamar, es espectacular, y «Bad Things», la canción de Jace Everett (un desconocido has-

222 | ABARCA, CASAMAYOR, FALGUERA, SARRIAS

ta ese momento) que acompaña a los títulos de crédito (también maravillosos), se ha convertido en todo un éxito. Se han publicado dos discos con la banda sonora.

El trailer de la segunda temporada utilizó la canción «Corrupt», de Depeche Mode. Los miembros de la banda se mezclan con los personajes de la serie en el videoclip.

True Blood aparece en su planteamiento como una serie que pretende ser una verosímil y entretenida sátira social para evolucionar hacia un exceso televisivo de locura, fantasía y sexo a medida que avanza. Sin complejos, se supera temporada a temporada incorporando personajes más y más extravagantes de todas las especies (fantásticas) posibles, entre los que la vampira víbora Pam (Kristin Bauer van Straten) se lleva la palma, y tramas más y más inexplicables y grotescas que a veces rozan lo ridículo. Un divertimento pop al que vale la pena darle una oportunidad por su apuesta innovadora, su certera crítica social y su puesta en escena de lujo.

CURIOSIDADES (COSAS QUE DEBERÍAS SABER SI ERES SERIÓFILO)

La actriz protagonista, Anna Paquin grabó la quinta temporada estando embarazada de gemelos y la sexta temporada de la serie redujo el número de capítulos de los 12 habituales a 10 para que pudiera disfrutar de su permiso de maternidad.

En la sexta temporada se incorpora un nuevo personaje interpretado nada menos que por Rutger Hauer, el replicante más divino de Blade Runner. Toda una sorpresa de lujo para una serie que puede presumir de lucir la carne nórdica como ninguna.

Apta: para amantes del culebrón trash, miembros de minorías acosadas, fans de Alan Ball y hombres lobo.
No apta: para gente seria, fanáticos del vampirismo tradicional, mentes profundas y señoras aburridas.

DÍMELO CANTANDO

La televisión limpia, fija y da esplendor, también a la música. Desde el country pachanguero al jazz más auténtico, la música corre por sus venas.

GLEE

| FOX | 2009-2015 | 6 temporadas | 121 episodios |

Creador: Ryan Murphy, Brad Falchuk y Ian Brennan

DESDE QUE LLEGASTE YA NO VIVO LLORANDO, VIVO CANTANDO

(Al acabar el paréntesis, leer muy rápido, si la ves doblada, olvídate, no tiene nada que ver) Will Shuester (Matthew Morrison), profesor de español, llega a Lima (Ohio) para trabajar en el Instituto William McKinley. Aunque se grabó en Hollywood. Tiene problemas en casa y se relaciona con Emma Pillsbury (Jayma Mays), la orientadora escolar con más fobias que Howard Hughes. Ella le apoya para dirigir el Club *Glee* y hacerlo brillar. Pero tienen dos problemas: encontrar buenos cantantes y Sue Sylvester (Jane Lynch), la multipremiada directora de las animadoras, que quiere que todo el dinero del Instituto dedicado a actividades extracurriculares se gaste en ella y en su actividad y se acabó. Pero el *Glee* Club sale adelante gracias a los frikis que lo componen. Rachel (Lea Michele), hija de padres gays, convertida en una pequeña Barbra Streisand, quizá por eso «los popus» la odian. Finn (Cory Monteith), el capitán del equipo de futbol, huérfano de padre, al que le gusta cantar, aunque tenga que enfrentarse a todo el equipo y al resto del colegio. Kurt (Chris Colfer), una víctima de la moda, que lleva su condición de gay lo mejor que puede en un mundo homófobo y nada menos que en Ohio; Mercedes (Amber Riley), tan sobrada de peso como de voz y luchando por ser la «prota»; Artie (Kevin McHale), un guitarrista en silla de ruedas; Tina (Jena Ushkowitz), una chica muy tímida con vestidos llamativos. Y Finn tiene una novia, Quinn (Dianna Agron), líder de las animadoras y del Club del Celibato que está embarazada

de su mejor amigo Noah (Mark Salling) pero no piensa decírselo. Y tanto Quinn y Noah, como Santana y Bridney se unirán al Club, con las peores intenciones. Desafinar. Y esto es *Glee*.

BIENVENIDOS A LA INDUSTRIA MUSICAL

La televisión no tenía musicales desde el fracaso de Stephen Bochco con los policías de *Cop Rock* (considerada una de las peores series de todos los tiempos), pero la FOX estaba triunfando con *American Idol* y les encantó el proyecto. Sinergias. Y eso que todavía resonaba en los oídos de medio mundo el inesperado triunfo de *High School Musical*. Y cualquiera que haya visto la película y la serie, puede ver que el conflicto de los protagonistas era más que parecido. Algo que los críticos les echaron en cara. No era para menos.

Capitán del equipo se enamora de la friki. En la película, básquet y empollona, en la serie, esa especie de rugby estadounidense y cantante. Y los dos protagonistas masculinos igualmente enfrentados a su equipo de gorilas. Además, aunque todo el mundo sabe que los musicales son caros, la FOX ya tenía previsto llevarlos de gira y explotarlos desde la primera temporada, igual que hacía con los participantes de *American Idol*. Beneficios extra que, en el caso de *Glee*, suponen una montaña de oro y platino, y todos esos materiales con los que hacen los discos o cedés de los grupos triunfadores. Durante el primer año, los niños y niñas cantantes han colocado más singles en el Billboard que los Beatles y en el segundo superaron a Elvis y rompieron todos los récords de la industria musical. Lo dicho: muchísimo dinero. *Glee* se ha convertido en algo tan grande como Disney.

Verbigracia: grabaron la gira que hicieron por Estados Unidos, Inglaterra e Irlanda y ni cortos ni perezosos, la convirtieron en una película en 3D y llenaron los cines.

A partir de la cuarta temporada y una vez que parte de los protagonistas se graduaron, empezó la decadencia. Después murió un actor y el juego entre Lima y Nueva York no acabó de funcionar pero siguen llenando estadios por todo el país

Curiosidades (cosas que deberías saber si eres seriófilo)

La biografía de Sue Sylvester la ha escrito el creador de la serie. Han aparecido Ricky Martin, haciendo de profesor de español, y Whoopi Goldberg de profe de canto y Gwyneth Paltrow canta y también da clases. Gloria Estefan ha hecho de madre de Santana y Jeff Goldblum de padre gay de Rachel.

Las hijas de Obama los invitaron a visitarlas y echarse unos cantecitos porque ellas apenas salen.

Cory Monteith murió de sobredosis un 13 de julio en la cruda realidad y en el tercer capítulo de la quinta temporada le hicieron un homenaje en la ficción. Después de la quinta también se fue Jayma Mays para hacer *The Millers*.

En 2010 tuvieron 19 finalistas en los Emmy y se llevaron 4 y un Globo de Oro. En 2011 se llevaron tres Globos de Oro más.

No apta: para los que odian los covers.

Apta: para los antiguos espectadores de Disney y amantes de cantar en la ducha y del karaoke en general.

NASHVILLE

| ABC | 2012+ | 4 temporadas | 72 episodios |

Creadora: Callie Khouri

Nashville no es solo una serie de música country. Si lo fuera, difícilmente habría traspasado fronteras como lo ha hecho. Y probablemente ninguno de nosotros la habría visto, y por supuesto no estaría incluida en las páginas de este libro. *Nashville* es un culebrón en toda regla al estilo ABC: escenarios lujosos, producción cuidadísima, glamour a la americana, vestuario hortera *fashion* zorruno, gente guapa y melenas al viento. Y todo servido sin complejos. *Nashville* no pretende ser otra cosa más que *Nashville*, y lo consigue. Diversión asegurada.

LA PELIRROJA VERSUS LA RUBIA

La serie está protagonizada por dos divas de la música country rivales: por un lado Rayna James (Connie Britton), que también es una de las productoras ejecutivas, una estrella en el declive de su carrera, buena persona, talentosa, y abnegada madre de familia a pesar de su estresada vida de cantante. Por si tuviera pocos problemas tiene pendiente una historia de amor de juventud con el guitarrista Deacon Claybourne (Charles Esten), un artista atormentado por su pasado como alcohólico. Por el otro lado, Juliette Barnes (Hayden Panettiere), una estrella juvenil algo pedorra que recuerda a Britney Spears, de pasado miserable y madre politoxicómana dispuesta a comérselo todo literalmente con tal de alcanzar el éxito.

Duelo de divas y mucho argumento clásico servido con estilo: infidelidades, política de altos vuelos, negocios sucios, enamoramientos, adicciones, homosexualidad reprimida y problemas domésticos. En *Nashville* no falta de nada.

EL COUNTRY NO ES (SOLO) DOLLY PARTON

Para acabar de adornar el pastel la serie cuenta también con un puñado de personajes jóvenes, músicos pobres y auténticos con mucho talento que tratan de triunfar mientras sirven copas en el mítico Bluebird Cafe. Destacan la actriz y cantante Clare Bowen, que da vida a Scarlett O'Connor, tan santa y mala actriz que la matarías si no fuera porque cuando abre la boca y canta el mundo enmudece. Y si lo hace acompañada por Sam Palladio, que interpreta al compositor Gunnar Scott (un actor y músico inglés que también aparece en Episodes), es para caerse de espaldas. Tampoco hay que olvidar a las dos hijas de Rayna James. Dos niñas adorables, hermanas en la vida real, que cantan como los ángeles.

Porque, por encima de todo, está la música. T-Bone Burnett, compositor con más de una decena de Grammys en su poder, es el responsable de la producción musical de la serie (y marido de Callie Khouri). Ha dotado a *Nashville* de una banda sonora cuidada, de calidad, y tan apta para todos los públicos que es imposible no acabar tarareando alguno de los temas sin querer.

No es una serie para seguidores del country. Los números musicales son auténticos, todos los actores son excelentes cantantes (de hecho, la mayoría de ellos son mejores cantando que actuando) y tiene mérito, porque Connie Britton, que borda el papel, no es una gran cantante, y para colmo no sabe bailar y se mueve en el escenario como un cangrejo borracho. Su mejor baza es su infranqueable melena pelirroja y sus patas de cabra kilométricas siempre enfundadas en pantalones ajustados que luce como nadie. Es una diva se mire por donde se mire.

CURIOSIDADES (COSAS QUE DEBERÍAS SABER SI ERES SERIÓFILO)

Hay que recordar que Callie Khouri, la creadora de la serie, es la guionista de *Thelma y Louise*, trabajo que le reportó un merecidísimo Oscar.

En la tercera temporada aparece en varios capítulos Christina Aguilera, interpretando a una exitosa cantante del pop llamada Jade St. John, que quiere grabar un álbum de country para reivindicar sus orígenes musicales. Es la primera vez que la famosa cantante se atreve con la interpretación desde su participanción en la película *Burlesque*, donde tanto ella como Cher recibieron las críticas más crueles que se pudieran imaginar. Merecidas. Todas y cada una de ellas.

Incluso la primera dama de los Estados Unidos, Michelle Obama, protagoniza un cameo de altura en la segunda temporada. No es la primera vez que se presta a participar en una serie, ya lo había hecho recientemente en *Parks and Recreation* y en la juvenil *Jessy*.

Apta: para fans de Connie Britton, amantes de la pedrería, los sombreros de cowboy y nostálgicos de Dallas.
No apta: si tu serie musical ideal es *Treme*.

TREME

| HBO | 2010-2013 | 4 temporadas | 36 episodios |

Creadores: David Simon, Eric Overmyer

Nos situamos en el barrio de *Treme*, Nueva Orleans, tres meses después de que el huracán Katrina haya asolado la zona. Allí vemos cómo sus habitantes, los que quedan, sobreviven en medio del caos. Conoceremos a David McAlary (Steve Zahn), un músico que trabaja de DJ en la radio y a su medio novia, la cocinera Janette Desautel (Kim Dickens), que intenta mantener su restaurante a flote mientras espera que el seguro le pague. Creighton Bernette (John Goodman), profesor de inglés de la universidad y apasionado por la vida cultural de la ciudad e impotente ante el abandono de las autoridades. Su mujer Toni, (Melissa Leo) una abogada experta en derecho civil, que ayuda a músicos y a otros miembros de la comunidad. Albert Lambreaux (Clarke Peters) es un jefe indio del Mardi Gras y su hijo trompetista (Rob Brown). Un trombonista Antoine Batiste (Wendell Pierce) que salía en *The Wire* y su ex mujer, Khandi Alexander. Una violinista Lucia Micarelli y su novio pianista holandés y muchos más músicos, y algún dentista, reporteros, policías, políticos y empresarios que se enriquecen con la desgracia ajena. Y para que no parezca tan amargo, una banda sonora deliciosa y tremebunda. No aparecían todos los músicos de Nueva Orleans, porque si no todavía estaría en antena, pero no está nada mal. Kermit Ruffins, Alen Toussaint, Doctor John, Shawn Collins, John Boutte, autor de la música de la cabecera, Fats Domino, Ron Carter, Paul Sanchez, Lloyd Price, Irma Thomas y muchísimos más, incluido Elvis Costello.

Haz lo que quieras

Cuando acababa *The Wire*, la HBO ya le estaba pidiendo a David Simon otra. Y éste, sin dudar, dijo que de acuerdo. Les propuso una serie sobre Nueva Orleans y eso que llaman la cultura popular. Especialmente música y comida. Con un poco de corrección política y su pizca de ficción entre la policía y los indios de Mardi Gras. Y los esfuerzos para que el turismo vuelva después de la inundación. Como ya sabéis, dijeron que sí.

Él se rodeó, como siempre, de los amigos. Con Overmyer, el cocreador, había trabajado en *Homicide, Life on the Street* y en *The Wire*. La directora del piloto y algunos capítulos más, la polaca Agnieszka Holland, nominada al Emmy por el mismo, también había dirigido capítulos de *The Wire*. Con David Mills, músico, escritor y productor con el que Overmyer y Simon habían trabajado en Homicide y The Wire, y que había co-escrito con Simon *The Corner*, por el que ganaron el Emmy. Desgraciadamente murió doce días antes del estreno. Y muchos actores, que también habían trabajado en sus anteriores series: Wendell Pierce, Clarke Peters, Khandi Alexander, etc...

Y como buen periodista que es, Simon se rodeó de conocedores de Nueva Orleans, que sabían lo que pasaba. El reportero del *Times Picayune*, Lolis Eric Ellie, Susan Spicer, una jefa india, Mary Howel, una abogada experta en derecho civil, músicos como Donald Harrison Junior.

Spike Lee, que había hecho con Phyllis Montana Leblanc un documental sobre el huracán Katrina, la recomendó. Simon no lo dudó y la fichó.

CURIOSIDADES (COSAS QUE DEBERÍAS SABER SI ERES SERIÓFILO)

La cabecera varía cada año para reflejar los elementos más importantes de lo que sucedió durante esa época. En la cuarta aparece Obama, al que tanto esperaban. Simon, antes del estreno, escribió una carta al *Times Picayune*, donde se leía «no nos importa no ser muy precisos en lo histórico, pero trataremos respetuosamente la realidad histórica».

Nueva Orleans estuvo muy agradecida a la serie. En la última temporada fueron finalistas en tres Emmys y ganaron uno. La música llevó dos finalistas a los Grammy, pero ninguno ganó. Es lo que pasa cuando haces una serie coral, muy politizada, y le pides al espectador un esfuerzo y encima hablas de pobres. A los críticos les encanta, pero cuando llega el momento de los premios, se olvidan de ti.

Apta: para melómanos.
No apta: megalómanos.

FANTASÍAS ANIMADAS DE AYER Y HOY

La animación ya no es cosa de niños. El humor más corrosivo, los personajes más reales y la crítica social más incisiva tienen formas blandas y pelos de colorines. La carne y el hueso han muerto. Que empiece la fiesta.

DRAGON BALL

| FUJI Television/Funimation USA | 1986-2015 |

Creador: Akira Toriyama

NUNCA HAY QUE DESANIMARSE

En lo que se refiere a series de animación, sólo hay un país en el mundo que le plante cara al gigante norteamericano (Gran Bretaña, como todos sabemos es un nuevo estado no adherido) y que incluso lo ha vencido en casa. En toda la historia de los Oscar de animación sólo han ganado películas en inglés, excepto: *El viaje de Chihiro* del estudio Ghibli, cuyos fundadores habían trabajado en *Heidi, Marco, El detective Conan* y tantas otras. Y aunque podíamos haber elegido alguna de esas, o *Los caballeros del Zodíaco* o *Mazinger Z* o *Doraemon*, nos hemos decidido por *Dragon Ball*.

Razones nos sobran para elegir *Bola de dragón*. Estas son cuatro. La historia es novedosa, aunque se basa en un cuento tradicional. Ha sido censurada en la mayoría de países, todavía es un éxito sobre el que se siguen haciendo películas y series, y es japonesa.

EL FENÓMENO

Originalmente *Bola de dragón* fue un manga de 519 capítulos del que se vendieron 156 millones de ejemplares. Eso se merecía una serie. A la hora de empezar la adaptación, decidieron utilizar menos de la mitad de lo publicado, exactamente 194 capítulos y con ellos hicieron, nada más y nada menos que 153 episodios de media hora. Y se triunfaron encima. Tuvo tanto éxito que no les quedó más remedio que hacer la segunda parte. Y para que los estadounidenses no se confundieran el autor decidió llamar a esta segunda parte Z. Eso lo diferenciaba de la primera y para el autor era una forma de dejar claro que no habría terceras partes: De la A a la Z. Pero el negocio es el negocio y después la saga ha continuado y la han llamado, por orden de aparición: *GT* o *ZKai* o *Super*.

El argumento es el siguiente: el abuelo Gohan, que vive en las montañas, encuentra a Kakarotto, un guerrero Saiyajin, y a su nave en el bosque, cuando cae del espacio procedente del planeta Vegeta, cual supermán japonés, pero en su caso enviado a la Tierra para destruirla. Aunque en unos capítulos posteriores se vuelven a rememorar los hechos y aparece en el desierto. Problemas con la *script*. El pobre niño recibe un golpe en la cabeza y olvida todo. Se llama Kakarotto, pero el abuelo no tiene ni la más remota idea y lo llama Goku. Lo quiere y lo cuida hasta que muere. Después Goku vive solo en las montañas pero se las apaña muy bien porque ha tenido un buen maestro.

Bulma es una chica pija de dieciséis años, que busca las bolas de dragón para invocar a Shenlong para pedirle un deseo. Bulma atropella a Goku y cree que lo ha matado. Pero el niño, de diez años, es raro. Se levanta enfadado y sin ningún esfuerzo, levanta el coche de Bulma y lo lanza por los aires. Y está a punto de hacer lo mismo con Bulma, pero Goku nunca ha visto a una chica y la curiosidad la salva, se hacen amigos y deciden ir a buscar juntos la siete bolas. Goku es ingenuo, ignorante y el mundo le sorprende continuamente. En su viaje encontrarán a Roshi, también llamado Kame Sennin, o maestro tortuga, que le regalará la famosa nube, llamada Kinton, y le enseñará el famosísimo Kamehameha, una tremenda técnica de combate que lleva el nombre de cinco reyes hawaianos y cuya estatua, la del primero, aparece en todos los episodios de *Hawaii 5.0*. También conocerá a Oolong, un cerdo que tiene la capacidad de transformarse en lo que quiera y a Krilin, a Kamcha y a Ten Shin Han.

Todos quieren participar en el gran torneo de la artes marciales y conseguir las bolas de dragón, hasta que se dan cuenta de que lo importante no es ganar la final sino salvar al mundo de un ataque exterior. Parece mentira.

LAS FUENTES

Como hemos dicho, está basado en un cuento tradicional, *Viaje al Oeste*, del 1590, una de las obras más importantes de la literatura tradicional China en la que un monje, Xuanzung, se va a buscar unos sutras sagrados. Lo acompañan en su viaje Sun Wokung, el rey mono, que tiene un bastón indestructible que se alarga a voluntad y es un experto en artes marciales, Zho Passeng, que es un cerdo y un par más. Muchos se han basado en el rey mono para hacer todo tipo de películas o cómics. Desde *El Reino prohibido* a *Naruto*.

En Oriente, el rey mono es más famoso que Mickey Mouse. Existen dos películas de la saga *Bola de dragón*, en las que se implicó el autor y muchísimas que se han estrenado sin su participación, igual que las series. El *merchandising* es espectacular: videojuegos, guías, mangas, cortos, bandas sonoras, disfraces, juguetes, camisetas, etc...

¿Entonces por qué lo han censurado? ¿Por la violencia? También, pero sobretodo por el sexo. ¿Qué? Sí. Ha habido censura en todos lados, no porque la novia de Goku se llame Chichi, sino por culpa del maestro Roshi, que es un viejo verde a quien le encanta la pornografía. Obliga a sus alumnos a traerle revistas a cambio de darles clases. Intenta robar las bragas a Bulma o espiarla cuando se está duchando. Será capaz incluso de cambiar una bola de dragón por sus bragas. Está más salido que un balcón.

CURIOSIDADES (COSAS QUE DEBERÍAS SABER SI ERES SERIÓFILO)

Para los espirituales, es el manga shonen más influyente de los últimos 30 años y uno de los más intergeneracionales.

Para los materialistas, entre 1986 y 1999 movió tres mil seiscientos millones de euros.

Para los de «Podemos», el manga se creó durante la crisis económica japonesa, y el autor creó un personaje llamado Freezer, que era conocido como el especulador número uno del Universo.

La serie tiene 153 episodios de *Dragon Ball* y 291 de *Dragon Ball Z*. Y acaba de empezar, *Dragon Ball súper*.

Apto: para Bruce Lee, Chuck Connor y John Holmes
No apto: para pacifistas

LOS SIMPSON

| FOX | 1989+ | 28 temporadas | 618 episodios |

Creador: Matt Groening

Los Simpson es un *spin-off* del show de 1987 de la inglesa Tracey Ullman, donde aparecían como actores Julie Kavner y Dan Castellaneta, las voces de Homer y Marge. Era un programa de *sketches* y durante las primeras tres temporadas aparecieron cortos de los Simpson, antes y después de cada corte publicitario. Todos escritos por Matt Groening. En ellos, algunos personajes eran ligeramente diferentes. Homer era más listo, Lisa era tan pasota como Bart, que entonces era más respetuoso con su padre. Marge es la que menos cambió de un programa a otro. El color amarillo de la piel fue creado por Gyorgy Peluce. Después, la cadena consideró que se merecían su propia serie y ellos consiguieron que la FOX tuviera por primera vez en su historia uno de los programas entre los treinta mejores del país. Hablamos de la temporada 1992-1993.

BIENVENIDOS AL MAYOR ESPECTÁCULO DEL MUNDO

Homer, Marge, Bart, Lisa y Maggie Simpson son una familia de clase media, que vive en el ficticio pueblo de Springfield, ese que todo el mundo quiere saber donde está y del que ningún responsable ha dado ningún dato definitivo. De todas maneras, tenemos que decir que hay un fan astrónomo, que dice que con la posición de la luna, está claro que viven en Australia. Homer, el padre, trabaja como inspector de seguridad en una planta nuclear. Marge, su mujer, es la típica ama de casa, y tienen dos hijas, Lisa, de ocho años, Maggie, un bebé que no puede hablar, pero que se hace entender, y un problema llamado Bart, de diez años. También tienen perro y gato. Un universo completo que les permite hablar de medio ambiente, educación o cualquier otro de los temas que nos preocupan: políticos corruptos, políticos incompetentes, empresarios explotadores ávidos de dinero, religiosos preocupados por ellos mismos… La religión es uno de sus temas favoritos. Y es normal que Homer diga cosas como: «Chicos, habéis intentado dar lo mejor de vosotros mismos y habéis fallado miserablemente. La lección es clara: no volved a intentarlo».

DE LOS TEBEOS A LAS PANTALLAS DE TODO EL MUNDO

Matt Groening hizo un cómic llamado *Life in Hell* que leyó James L. Brooks, razón por la que lo llamó para hacer los cortos para su programa. Pero Matt tenía miedo de renunciar a los derechos y acabó decidiendo otra cosa: hablar de su propia familia y ponerles el nombre real a todos los personajes, excepto Matt, que se convirtió en Bart.

La película fue un éxito y recaudó más de 500 millones de dólares. Michael Jackson coescribió *Do The Bartman*, un superéxito intergaláctico.

Como muchas familias de animación, los Simpson viven en un limbo donde no envejecen, aunque pase medio siglo, y aunque no os lo creáis existe el récord mundial de estrellas invitadas en una serie de animación y ya os podéis imaginar quien lo tiene.

En 1998 los actores principales cobraban 30.000 dólares por episodio. A partir de la vigésima, cobraban 400.000. Duras negociaciones. Conan O'Brien fue guionista hasta que sustituyó a David Letterman en el *late night*. El mismo que tenía substituir Louie. Ricky Gervais y Seth Rogen también han escrito guiones.

CURIOSIDADES (COSAS QUE DEBERÍAS SABER SI ERES SERIÓFILO)

Times la consideró la mejor serie del siglo XX y le pusieron una estrella en el paseo de la fama de Hollywood. Treinta y un Emmys, treinta Annies y un Peabody, la primera serie de animación que lo consiguió.

Viendo todo este caudal de dinero, Tracy Ullman decidió ponerle un pleito a la FOX para intentar sacarle dos millones y medio de los cincuenta millones que hizo de beneficios el primer año. Perdió.

Bush padre dijo: «Vamos a seguir tratando de mejorar la familia para hacer que las familias americanas sean más parecidas a los Walton (CBS 1972-1981) que a los Simpson».

Y aunque algunos lo repiten, recordad que no es la serie de animación más larga del mundo. Ese es un premio que se llevan los asiáticos.

Mueve 2.000 millones de beneficios en un año antiguo de ventas.

Fue la primera serie de animación en emitirse en *prime time* desde hacía muchos años.

Todos los beneficios que genera respecto a los costes, hicieron que todos se pusieran a hacer series de animación: *South Park*, *Padre de familia*, etc... Son sus herederas.

Apta: para grandes y chicos. Y medianos.
No apta: para familias contracturadas.

SOUTH PARK

Comedy Central | 1997+ | 18 temporadas | 257 episodios

Creadores: Trey Parker y Matt Stone

South Park es un pueblo ficticio de Colorado basado en otro real llamado Fair Play, donde viven cuatro niños dibujados (Stan, Kyle, Cartman y Kenny), violentos y soeces creados por dos capullos que se conocieron en la Universidad. El mamón de Tray Parker y el cantamañanas de Matt Stone. Con la técnica *stop motion cut out animation* (la misma que utilizaba Terry Gilliam de los Monty Python, de los que son fans declarados) hicieron un corto titulado *El espíritu de la Navidad*, que trascurría en *South Park* y donde estaba el embrión de la serie. Y como conocían a un ejecutivo de la FOX, decidieron entre los tres convertir el corto en una felicitación de Navidad de la cadena y se la enviaron a sus clientes, que hicieron lo mismo con sus colegas y la convirtieron en uno de los primeros videos virales de internet. Se dijeron: «Oye, cabrón, esto se merece una serie». Y volvieron a la FOX a ver al de la felicitación y fueron a ver a los jefes y éstos les dijeron que se fueran a la mierda. No estaban interesados. ¿Pero no eran amigos? Sin amilanarse, decidieron ir a la MTV, pero antes de llegar el mameluco de Tray Parker dijo que a la mierda. «¿Qué te parece Comedy Central?» Le preguntó su compañero. «Vale». Y fueron a verlos y éstos les dijeron que sí. Hicieron un piloto, pero no fue muy bien. Aún así, les pidieron seis capítulos, que para una serie de dibujos es ridículo incluso en Inglaterra. Llegó el estreno, y al par de mamones les fue de maravilla y no han parado hasta ahora. La hostia.

242 | ABARCA, CASAMAYOR, FALGUERA, SARRIAS

En la serie Stan es el líder. Es el más normalito y su mejor amigo es judío y se llama Kyle. Kyle es el más listo. Éric és el antagonista: Gordo, egoísta, racista, manipulador, psicópata y archirrival de Kyle. Y por último está Kenny, que es tan pobre, que tiene un anorak que no se le ajusta bien y le tapa la boca, de tal manera que se pasa la serie farfullando ¿Qué dices? Y es el personaje que muere día sí, día también, en las cinco primeras temporadas. «¡Oh, dios mío, han matado a Kenny, cabrones!». En la sexta aparecía sólo en el capítulo final y después volvió, pero ya sólo lo mataban de tanto en tanto. Ellos son terribles, pero unos críos comparados con los adultos.

Y todos, incluidos los guionistas, tienen una fijación con los «putos canadienses». Las voces de mierda de los personajes masculinos de la serie son de los creadores Parker y Stone, excepto la del chef, que es de Isaac Hayes, que también ha compuesto varias canciones para la serie, hasta que la dejó en la novena temporada por razones religiosas. Es cienciólogo y no le gustó que se metieran con Cruise y con Travolta. Las voces femeninas de las tres primeras temporadas son de Mary Kay Bergman, una habitual de Disney, que firmó *South Park* con seudónimo. Después se suicidó y la sustituyó Shannen Cassidy, que también firmó con pseudónimo. George Clooney ha dado voz al perro de Stan y Jay Leno al gato de Kartman. Jerry Seinfeld puso su voz en *off* para el capítulo de acción de gracias, porque no quiso hacer el papel del pavo.

Ha sido nominada diez veces a los Emmy y ha ganado cinco, incluso un Peabody, cosa rara en unos dibujos animados, y fueron nominados al Oscar por una canción de la película, que cantó Robin Williams en la gala de los susodichos. Sobre hacer la guerra a los canadienses. Ha sido merecedora de estudio en muchas universidades, la de Nueva York programó un curso llamado «*South Park* y la conciencia política» ¿Te lo puedes creer? Pues sí.

Ha tenido problemas con la censura, en Estados Unidos, Rusia, Sri Lanka, Nueva Zelanda, Perú, México... Han tenido problemas con la Liga Católica, los cienciólogos (Tom Cruise les plantó cara y pidió su cuello) e incluso con el Islam. Y eso que Comedy Central les censuró una imagen de Mahoma en el capítulo doscientos, cuando hicieron una parodia de todas las religiones donde aparecía el profeta disfrazado de oso. La revolución musulmana, una organización con sede en Nueva York, les aseguraron que acabarían como Theo Van Gogh, el director holandés asesinado. Y para que nadie malpensara, dijeron que no era una amenaza, sino solo un aviso. La cadena hizo desaparecer al profeta. Anatema.

CURIOSIDADES (COSAS QUE DEBERÍAS SABER SI LAS LEES)

Ha sido un éxito más que rentable y sólo en la primera temporada tuvieron beneficios de trenta millones de dólares sólo con
las camisetas. Y los peluches son más rentables, pero menos
que los videojuegos. La película también fue un éxito y recaudó ochenta y tres millones de dólares de entonces.

El piloto lo hicieron en tres meses, cuando lo habitual en
los dibujos animados era enviarlo a Corea y tardar siete u ocho
meses. Esto fue ya un gran salto cualitativo y cuantitativo. Pero
cuando el software vino en su ayuda, los capítulos se acababan
en una semana y eso les permitía tocar la actualidad. Hasta el
punto de que el día después de que Obama fuera nombrado
presidente, emitieron un capítulo donde salía él, con textos de
su declaración del día anterior. «Te lo juro, he estado trabajando toda la noche.»

Es el mejor show de la historia de Comedy Central. *South
Park* le ayudó a crecer y consolidarse. De estar en novecien-
tos mil hogares, pasó a estar en cincuenta millones en la segunda temporada y de cobrar siete mil quinientos dólares por
un anuncio de treinta segundos, pasó a cobrar ochenta mil por
lo mismo en la segunda temporada. Muy rentable.

La técnica *stop motion cut out animation* sólo sirvió para
hacer el piloto. El resto de los capítulos los hicieron con ordenador.

> **Apta:** para mayores de quince años
> **No apta:** para cursis y mojigatos

MARCANDO EL PASO

Quitémonos el sombrero, que llegan las grandes, las únicas, las de redoble de tambor. Las series que pasarán a la historia. Las leyendas de la ficción que nos han convertido en drogadictos televisivos.

246 | ABARCA, CASAMAYOR, FALGUERA, SARRIAS

A DOS METROS BAJO TIERRA
(SIX FEET UNDER)

| HBO | 2001-2005 | 5 temporadas | 63 episodios |

Creador: Alan Ball

Considerada por muchos expertos una de las mejores series de la historia, *A dos metros bajo tierra* podría ser la típica serie sobre una familia americana. Si no fuera porque la familia tiene cadáveres en los bajos de su casa y porque están todos un poco locos. Narra las peripecias de los Fisher, que regentan una modesta funeraria llamada Fisher & Sons. La repentina muerte del padre (Richard Jenkins) hace que el hijo mayor (Peter Krause) regrese al hogar y se ponga al mando del negocio con su hermano menor, David, (Michael C. Hall). Completan el núcleo familiar Ruth, la madre (Frances Conroy), y Claire, una hermana más joven que aún va al instituto (Lauren Ambrose).

UNA SERIE SOBRE LA MUERTE, BONITO TEMA

Según su creador, Alan Ball, la serie trata sobre la mortalidad y sobre las vidas de unas personas que trabajan con la muerte. Es precisamente ese contacto cotidiano con la muerte lo que provoca efectos inesperados sobre las vidas de los protagonistas, personajes complejos, impredecibles y nada convencionales que se desenvuelven en una plácida cotidianeidad que esconde de vez en cuando algún golpe maestro. Es decir, nada que ver con la típica familia americana a la que nos tenían acostumbrados. Mención especial merecen los personajes de Brenda (Rachel Griffiths), la problemática novia de Nate, Rico

(Freddy Rodríguez), el embalsamador, y Keith (Mathew St. Patrick), el novio de David, un policía negro que, según su cuñada adolescente, «está que cruje».

Cada capítulo empieza con un *teaser* en el que un personaje anónimo muere de la forma más original, cotidiana o poética posible: desde la plácida muerte de un bebé de pocos días en su cuna filmada con cámara subjetiva (nunca se había visto nada igual en la tele) a imbéciles estrellados contra el suelo de una piscina o asesinatos domésticos. Muertes para todos los gustos, como la vida misma. Su cadáver y su entierro pasarán a formar parte de la trama del capítulo correspondiente.

Una serie sobre la muerte. Y sobre la vida. ¿Puede haber algo menos preciso y a la vez más interesante? Ha pasado más de una década desde su apoteósico estreno pero sigue siendo una serie de plena vigencia, arriesgada e insuperable.

No es tele, es HBO

Grandes dosis de humor negro, originalidad tanto en las tramas como en los personajes, y un tratamiento visual cuidado y con mucha personalidad hacen de ella una obra maestra y una de las primeras series que ayudaron a crear la leyenda de la HBO.

La apuesta formal de la serie es sin duda uno de sus grandes atractivos. Los memorables títulos de créditos con la premiada música de Thomas Newman (se editaron dos discos con la banda sonora) ya avisan de que no se trata de un producto televisivo «al uso». A partir de aquí, muertos que hablan (el padre fallecido en el primer capítulo es un personaje más), desapariciones, amores tormentosos, enfermedades y relaciones de pareja y familiares complicadas llenan los capítulos de historias variopintas para los paladares más exigentes.

Y el más difícil todavía. Después de 63 memorables episodios, el final, que por supuesto no vamos a desvelar aquí, es también uno de los más redondos que se recuerdan y pone la carne de gallina al más pintado: una secuencia de poco más de seis minutos en la que se cierran magistralmente la trama, el concepto y la trayectoria de los protagonistas como si de una muerte dulce se tratara. Y es que arrancar una buena serie es difícil, pero acabarla a su tiempo y bien es prácticamente imposible.

Curiosidades (cosas que deberías saber si eres seriófilo)

Alan Ball merece una mención especial como creador. Cuando desarrolló *A dos metros bajo tierra* acababa de ganar un Oscar al mejor guión original por *American Beauty* (Sam Mendes, 1999). También es el creador de la serie *True Blood* (ver ficha en este libro), la exitosa historia de vampiros bebedores de sangre sintética. Parece ser que cuando estaba creando la serie le propusieron que fuera lo más original posible (el sueño de cualquier creador), y eso le dio la libertad como para configurar el complejo universo que retrata. Luego él mismo dirigió el episodio piloto, lo que le hizo merecedor de un Emmy. Ahora es el responsable de la serie *Banshee* (ver ficha en este libro).

El actor que interpreta a David (Michael C. Hall) venía de hacer musicales y fue recomendado por el director de cine Sam Mendes. Borda el papel de homosexual reprimido (uno de los temas recurrentes de Alan Ball) y protagonizó unos años después la famosa serie *Dexter*, en la que da vida a un psicópata domesticado y convertido en forense especializado en salpicaduras de sangre que acaba con la vida de asesinos retorcidos y mega peligrosos.

Apta: amantes de la tanatopraxis, suicidas, filósofos, adictos al humor negro, y familias desestructuradas.
No apta: para fans de *Autopista hacia el cielo* y amantes de las series familiares al uso.

BANSHEE

| CINEMAX 2013+ | 4 temporadas | 38 episodios |

Creadores: Jonathan Tropper y David Schickler

Esta serie va de policías que son ladrones, de ladrones que son pilares de la sociedad y de chicas explosivas que son explosivas.

LOS LADRONES TAMBIÉN LLORAN

Un delincuente del que no sabemos su nombre (Antony Starr) sale de prisión tras cumplir una pena de quince años. Pero tenéis que saber que antes de entrar en la cárcel, le robó 10 millones de dólares en diamantes a su jefe ucraniano. Es más duro que Charles Bronson y Chuck Norris antes del Teletienda y todavía abre menos los ojos que el primero para ver, aunque es verdad que hay capítulos que se le ponen como platos. Es tan duro que al actor le rompieron el labio el primer día y estuvo rodando seis horas hasta que fue al hospital, donde le pusieron seis puntos. Aunque se merecía un diez.

Pues ahí lo tienes, en la carretera, escapando de su ex jefe y rogando para que se olvide de todo. Decidido a encontrar a su exmujer, Anastasia (Ivana Milicevic), y recuperar su parte del botín. Conduce hasta un pequeño pueblo amish de ficción llamado *Banshee*, como las hadas irlandesas que vienen a gemir para anunciarnos que alguien cercano va a morir, y llega a Minneapolis (aunque lo rodaron primero en Carolina del Norte y más tarde en Pensilvania, cuando el gobernador y sus amigos le ofrecieron más dinero a la productora para rodar en su estado. ¿Los estados unidos?).

En el mismo momento que el ex convicto, llega al pueblo el sheriff Lucas Hood, a quien nadie conoce (qué guionistas más pillines) y viene a hacerse cargo de la comisaría. El delincuente, por una serie de circunstancias, se hace con la identidad del sheriff y se convierte en policía. Antes ha encontrado a su mujer, que como es normal también ha cambiado de identidad, pero ella tiene un órdago: se ha casado y tiene dos hijos. Os decimos que es normal su cambio de identidad, porque ella se esconde del mafioso al que robaron, ese que todavía los persigue: Mister Rabbitt (Ben Cross).

Desde este momento el delincuente tomará la personalidad del sheriff y acabará quedándose en el trabajo a la espera de recuperar a la chica. Como esto le puede ocupar un tiempo, se entretendrá enfrentándose a la mafia amish, representada por Kai Proctor (Ulrich Thomsen), alguien que es tan malo que hasta su propia gente lo ha repudiado. Qué malo más bueno. Y también luchará contra los indios, los neonazis, el ejército de los Estados Unidos y un montón de chicas que se enamoran de los hombres sin afeitar. Como si fuera un superhéroe, su verdadera identidad sólo la conoce su banda, Sugar Bates (Frankie Faison), un ex boxeador camarero, y su ex socio Job (Hoon Lee), su *hacker* travesti. La gracia está en el exceso.

DE DOS A TRES DIMENSIONES

Cuando la empiezas a ver parece un cómic, o novela gráfica, según la nomenclatura al uso, pero con el paso de los capítulos, los personajes crecen, las relaciones funcionan y resulta adictiva. Y no porque haya tantas dosis de violencia o sexo, sino sobre todo por el humor y los actores secundarios. Una pequeña parte de la crítica la ha acusado de excesiva violencia y sexo gratuito. Menuda tontería mojigata. ¿Acaso no sabemos que el sexo es siempre gratuito y todo lo demás solo es prostitución?

Cuenta con dos productores-directores-*showrunners* de lujo: Greg Yaitanes, director y productor de *Lost*, *Prison Break*,

CSI, etc… y Allan Ball, guionista y creador de *A dos metros bajo tierra* y *True Blood*. ¿Lo habéis leído? Allan Ball. Y os preguntaréis ¿qué hace aquí un creador de su magnitud? Pues lo mismo que nosotros, disfrutar.

Curiosidades (a secas)

Tarantino denunció a Alan Ball, que tiene su casa llena de aves exóticas y no tanto, porque sus pajarracos hacían mucho ruido y no podía escribir. Ninguno de los dos vive en un apartamento de 40 metros.

Todas las chicas de la serie excepto la madre de Proctor han recibido suculentos contratos para aparecer en un montón de páginas de esas revistas para hombres. El «prota» también ha lucido palmito en el papel *couché*.

El compositor de la banda sonora es Methodic Doubt.

Tienen coreógrafo para las peleas y algunas escenas de lucha han costado más de 25 horas de grabación.

Originalmente la ofrecieron a la HBO pero éstos tenían ganas de potenciar su canal Cinemax y ahí lo ven.

Apto: para los amantes del género, sea el que sea.
No apto: para puretas puritanos, sean amish o no.

BREAKING BAD

| AMC | 2008-2013 | 5 temporadas | 62 episodios |

Creador: Vince Gilligan

¿Estáis preparados? ¿Sabéis que es el cristal azul? ¿Un caramelo? ¿En serio? Leed esto: Walter White (Bryan Cranston), un infravalorado profesor de química de instituto, recibe el mazazo de su vida cuando le diagnostican un cáncer de pulmón inoperable. ¡A él, que no ha fumado nunca! Es lo que le faltaba. Recién cumplidos los 50 años, padre de un hijo con parálisis cerebral y con su esposa embarazada, tiene la sensación de que se ha arrastrado durante toda su vida. Aunque en algún momento fue relevante (hasta llegó a ganar un premio Nobel compartido), ahora se siente el hombre más desdichado del mundo. Antes de morir quiere hacer una última cosa: dejar todo el dinero que pueda a su familia para cuando él ya no esté. Para ello se alía con un exalumno, Jesse Pinkman (Aaron Paul) para fabricar y vender metanfetamina. Pero su droga, el cristal azul, es tan pura y perfecta que todos la quieren (jefes de la droga, camellos, consumidores) y él gana montañas de billetes. Si a esto añadimos que su cuñado es un policía de la DEA (antidroga) que siempre lo ha menospreciado, Walter White empieza a sentirse importante y reconocido por su trabajo. Se ha convertido en un criminal, pero es su victoria. Así, poco a poco, entre laboratorios clandestinos y traficantes, el aburrido señor White va encontrándose mejor y más cómodo, tanto que hasta llega a desarrollar otra personalidad: un hombre con sombrero llamado Heisenberg al que todo el mundo busca y teme.

Pasen, pasen, bienvenidos al circo de *Breaking Bad*

Con este argumento (y un sinfín de giros imprevisibles, detalles ingeniosos, personajes estrafalarios, quilos de drama y de humor negro), *Breaking Bad* se convierte en una locura, en algo impredecible y adictivo como la droga que vende el protagonista. Muchos la acusan de que no es verosímil. ¿Y qué? La serie no juega a eso: busca divertirse, sorprender, entretener. Es imaginativa (cuando la veas, recuerda esto: una tortuga en el desierto). Excesiva. Tramposa. Pero también muy intensa cuando bucea en los personajes, explora sus sentimientos, los muestra, especialmente cuando seguimos la relación de Walter White con su familia: su mujer, Skyler (Anna Gunn), y su hijo, Flynn (RJ Mitte), al que adora, o con Jesse Pinkman (un chico vulnerable, descarriado). Ahí la serie se muestra más melodramática, introspectiva (el claustrofóbico capítulo «The Fly», de la tercera temporada, es una buena muestra de ello). Porque todo el mundo tiene sus sentimientos. También el cuñado policía, Hank (Dean Norris), prepotente y bocazas, y su mujer, Marie (Betsy Brandt), cleptómana. Y Saul (Bob Odenkirk), el abogado todoterreno (de la que se ha hecho un *spin-off: Better Call Saul*). Y Mike (Jonathan Banks), el abuelo sicario. O Gustavo Fring (Giancarlo Esposito), el propietario de Los Pollos Hermanos. O Skinny Pete. Tuco Salamanca. Su tío. Sus primos. Y tantos otros. Porque *Breaking Bad* nunca termina, nunca se agota.

Mucha química, muchos premios y mucha trola

Vince Gilligan estuvo a punto de no escribir la serie cuando se enteró de que había otra que tenía un planteamiento parecido: Weeds. Por suerte, cambió de opinión. Lo que le costó más fue venderla: HBO, TNT, FX y Showtime no quisieron el proyecto.

Bryan Cranston ha ganado cuatro Emmys por su papel en *Breaking Bad*, pero antes ya había sido nominado como secundario por *Malcom In the Middle* (ver ficha en este libro), una comedia en la que interpretaba el entrañable y aniñado padre del protagonista. Pero no fue este papel el que le supuso la puerta de entrada a *Breaking Bad*. Vince Gilligan había colaborado con él en un episodio de X-Files titulado Drive (Gilligan era uno de los guionistas/productores importantes de X-Files) y lo mostró a la cadena para que contrataran a Cranston en lugar de otros candidatos como John Cusack o Matthew Broderick.

El personaje de Jesse Pinkman tenía que morir durante la primera temporada, pero la actuación de Aaron Paul impresionó tanto a Vince Gilligan que lo salvó.

El equipo de maquillaje y efectos visuales de *The Walking Dead* (también de la AMC) les echaron un mano en un capítulo de la cuarta temporada titulado «Face Off». Concretamente, una escena. Tardaron meses en grabarla. Y eso (sin revelar nada, tranquilos), nos lleva a otro dato curioso: durante toda la serie mueren 270 personas. Ah, por cierto, algunas de las fórmulas químicas o argumentos aparentemente científicos que utilizan son inventados. Por ejemplo, la droga que fabrican, si fuese 99,1% pura, como aseguran, no sería azul, sino blanca o muy transparente. Y sí, el cristal azul que consumen los actores era caramelo.

Apta: para los que quieran una serie diferente, única, arriesgada, y los que fantaseen en transformarse en villanos.

No apta: para gente de moral recta e insensibles que solo busquen gazapos, imperfecciones y aún piensen que en la ficción la gente muere de verdad.

CARNIVÀLE

HBO	2003-2005	2 temporadas	24 episodios

Creador: Daniel Knauf

Quedáis advertidos: *Carnivàle* es una serie amada por unos cuantos y odiada por la mayoría. Pero no está hecha la miel para la boca del asno televisivo. O lo que es lo mismo: si no te gusta *Carnivàle* puede que no tengas el paladar tan fino como creías y no estés preparado para saborear los manjares más arriesgados e innovadores de la tele. Si quieres «más de lo mismo» esta no es tu serie.

QUERÉIS SER MODERNOS: PUES AQUÍ ES DONDE VÁIS A EMPEZAR A PAGAR

Carnivàle está ambientada en los años treinta, en plena crisis tras el crack del 29, en una zona de California asolada por el hambre y la miseria. Narra las andanzas de un joven desamparado con poderes sobrenaturales, Ben Hawkins (Nick Stahl), que acaba de enterrar a su madre. Sin esperanza ni porvenir, se une a una caravana de circo ambulante llena de *freaks* que pasa por su polvoriento pueblo. Desde ese momento los extravagantes miembros del circo se convertirán en su nueva familia. Ellos, a su manera, representan el Bien. Pero *Carnivàle* se ocupa también de la vida de un inquietante sacerdote, el hermano Justin (Clancy Brown), que encarna el Mal absoluto junto con su diabólica hermana (Amy Madigan).

Durante dos temporadas preparan esa lucha entre el Bien y el Mal mientras se desgranan las vidas de los protagonistas: la historia de amor entre Ben y Sofie (Clea DuVall), una joven del circo que se comunica telepáticamente con su madre dominante, o los problemas de la mujer barbuda o una familia de *strippers* o el capataz del circo, un acondroplásico llamado Samson (Michael J. Anderson, el de Twin Peaks), que es el único que puede ver al director (sí, es un ser invisible, y no es lo más raro de la serie ni de lejos). En total, una galería de monstruos más o menos entrañables que recorren un mundo desolado donde todos parecen buscar un profeta. ¿Será el protagonista? Nos quedamos con las ganas de saberlo.

Una propuesta (¿demasiado?) arriesgada

El piloto ya fue motivo de polémica y de discusiones entre los directivos de la HBO y los productores, que tardaron más de un año en ponerse de acuerdo para dar luz verde al segundo capítulo después de incorporar bastantes cambios en el primero. No era para menos. El tema no podía ser menos atractivo, los actores prácticamente desconocidos, el creador debutante y sin ninguna experiencia... Todo apuntaba inexorablemente al desastre. Un desastre muy caro. Y sin embargo el primer capítulo fue el estreno de mayor audiencia de la cadena hasta el momento. Corría el champán en los despachos, pero la alegría duró poco y en unas semanas la audiencia quedó reducida a una mínima pero estable cantidad de espectadores que no compensaba el ingente presupuesto que se invertía en la producción de cada capítulo.

La HBO puso como condición para continuar la serie una reducción drástica del presupuesto pero los responsables entendieron que era imposible mantener el nivel de calidad, la ambientación de lujo, el número de personajes y la representación del mundo tan especial y tan críptico de *Carnivàle* y finalmente fue guillotinada después de una segunda temporada irregular pero con un final apoteósico.

Los seguidores montaron en cólera con razón. Habían quedado demasiadas preguntas sin contestar, demasiados misterios sin resolver y sobre todo, una futura lucha entre el demonio y la humanidad a las puertas. No se podía seguir viviendo en la incetidumbre... Y así lo entendió su creador. En un acto de generosidad sin precendentes, el guionista puso a disposición de sus fans un documento en el que contaba la continuación de las historias tal y como las había concebido inicialmente para que se desarrollaran de forma natural a lo largo de seis temporadas. Y eso fue todo. Quién sabe si en un momento de crisis los directivos decidirán echar mano de *Carnivàle* y darle una nueva oportunidad. De todas formas nunca les estaremos lo bastante agradecidos. Sin la HBO *Carnivàle* nunca habría existido, y sería una lástima.

CURIOSIDADES (COSAS QUE DEBERÍAS SABER SI QUIERES SER SERIÓFILO)

El creador de la serie, Daniel Knauf, era un vendedor de seguros que siempre había querido ser guionista. Durante años intentó vender el guión cinematográfico de *Carnivàle* pero con la llegada de las nuevas plataformas de televisión por cable decidió cambiar el formato de su proyecto y convertirlo en una misiserie. Así llegó a presentarlo a la HBO. Los directivos no acababan de confiar en aquel vendedor con ínfulas artísticas y en la primera temporada incorporaron como productor nada menos que a Ronald D. Moore (el responsable de *Battlestar Galactica*, ver ficha en este libro).

Los títulos de crédito de *Carnivàle* son una pequeña obra de arte por sí mismos. Su autor no es otro que Angus Wall, responsable también de los maravillosos títulos de *Juego de tronos* y *Deadwood*.

Apta: para masones, siameses, mujeres barbudas y adoradores de Belcebú. Incondicionales de series de culto y de *Freaks [La parada de los monstruos]*.
No apta: para fans del Cirque du Soleil, y aquellos que ven las-series-que-ve-la-gente.

DEADWOOD

| HBO | 2004-2006 | 3 temporadas | 36 episodios |

Creador: David Milch

Mucha atención, estamos ante una serie de culto. LA SERIE. Y encima una serie del Oeste. Con estas premisas muchos espectadores sin muchas ganas de pensar y con prejuicios sobre un género que parece haber dado todo de sí la dejarán de lado. Se estarán perdiendo una de los mejores ficciones de todos los tiempos.

BIENVENIDOS AL INFIERNO

Sí. *Deadwood* es un western, de los oscuros. Más descorazonador que *Sin perdón*. Más áspero que la lija. Más apestoso que una pocilga. Más desagradable que un escupitajo de borracho. Más profunda que la fosa de las Marianas. Pero es grande, ambiciosa, realista y shakesperiana, o cervantina, o literaria. O sea: lo más. La HBO tirando la casa por la ventana sin reparar en gastos, arriesgando en el guión, en los personajes, en la puesta en escena, en todo. Una joya televisiva.

Narra el surgimiento de una ciudad real, *Deadwood*, allá por el remoto estado de Dakota del Sur en la década de 1870. El enclave atrae a todo tipo de personajes, muchos de ellos auténticas leyendas del Lejano Oeste, como Wyatt Earp, Calamity Jane, el magnate George Hearts o el legendario pistolero Wild Bill Hickok; pero también a gran cantidad de morralla humana. Una ciudad sin ley poblada por violentos, desesperados, perdidos, asesinos, visionarios, ambiciosos buscadores de oro y prostitutas. Un paraíso.

262 | ABARCA, CASAMAYOR, FALGUERA, SARRIAS

DEADWOOD: TESTOSTERONA Y NEURONAS

La serie arranca con la llegada del protagonista, Seth Bullock (Timothy Oliphant), un sheriff de Montana con un gran sentido de la justicia pero que no tiene reparos en usar la violencia, que se traslada a la nueva ciudad para montar un negocio de ferretería con su socio, Sol Star (John Hawkes). Allí tendrá que vérselas con el hombre más poderoso del pueblo, Al Swearengen (Ian McShane), dueño del prostíbulo y auténtico cacique local, y con toda clase de alimañas. Por supuesto *Deadwood* no se reduce a ese enfrentamiento testosterónico entre Bullock y Swearengen que a veces ni es tal.

De hecho, a medida que avanza la serie, Bullock va perdiendo protagonismo y su rival se va convirtiendo en el centro del universo. Seguramente la interpretación sobrenatural del gran Ian McShane tuvo bastante que ver en ese proceso.

Sin embargo es una serie muy coral donde van apareciendo y pereciendo sus protagonistas, muchas de ellas mujeres: Trixie (Paula Malcomson), una prostituta que nada tiene que ver con los personajes prototípicos y sumisos a los que nos tienen tan acostumbrados, Alma Garret (Molly Parker), una mujer de negocios adicta al laudano con un par de ovarios, o Martha Bullock (Anna Gunn), una maestra que llega al infierno e intenta poner algo de sentido común en medio del caos. Imposible olvidar la recreación del personaje de Calamity Jane, un alma buena y atormentada, alcoholizada y perdida en un mundo de hombres.

Enormes secundarios adornan este pastel de carne: Richardson, un pobre *border line* inocente y enamorado que sale con cuentagotas y siempre deja al espectador noqueado, o George Hearts, se supone que es el padre del Hearts de Ciudadano Kane, un malo reconcentrado, cocido a fuego lento en su propio jugo, la ambición desmesurada, un hombre literalmente sin alma, o Mr. Wu (Keone Young), un chino que solo sabe decir *cocksucker* y que tiene unos cerdos que reciclan los cadáveres incómodos...

Deadwood es un cosmos donde cabe todo y a gran velocidad. Porque a pesar de que haya sido tachada de «literaria» esta serie no tiene nada de contemplativa, ni de lenta. No se recrea en los paisajes ni en los personajes ni un segundo más de lo imprescindible. Ni siquiera en sus decorados construidos con toda clase de detalles; aquí no hay nada de ordenador, el pueblo de *Deadwood* se fue construyendo a medida que avanzaban las temporadas y su historia. Es adictiva, violenta, sorpresiva y tremendamente moderna.

Lo único malo de Deawood es que se acabara, o más bien, que no la dejaran acabar, ya que fue cancelada prematuramente por no haber obtenido la audiencia deseada. Una lástima que nos dejara a todos con la miel en los labios.

CURIOSIDADES (COSAS QUE DEBERÍAS SABER SÍ O SÍ)

Corren muchas leyendas acerca de David Milch, el creador de *Deadwood*. Entre otras cosas que no escribe sus guiones, que se dedica a dictarlos grabadora en mano al equipo de guionistas, que aprovechan sus monólogos para confeccionar los capítulos. Fascinante y extraña manera de trabajar que no siempre ofrece los brillantes resultados de *Deadwood*. Milch es autor de algunos fiascos magistrales, como *Luck*, aunque en su carrera ha participado en grandes producciones, como *Murder One, Hill Street Blues* o *Policías de Nueva York*.

Deadwood es la serie que contiene más tacos en sus diálogos de toda la historia de la televisión. Imprescindible verla en versión original para escuchar los *fuck* de Swearengen y sus diálogos de besugos con Mr. Wu en todo su esplendor.

Apta: para amantes del western crepuscular, de los diálogos brillantes, del lado salvaje de la vida y de Schopenhauer.
No apta: para incondicionales de *Bonanza*, estómagos sensibles y mentes opacas.

DOCTOR EN ALASKA
(NORTHERN EXPOSURE)

CBS	1990-1995	6 temporadas	110 episodios

Creadores: Joshua Brand y John Falsey

Joel Fleischman (Rob Morrow), un médico urbanita neoyor-quino, tiene que devolver la beca que le permitió estudiar medicina en una prestigiosa universidad norteamericana. Una maldición, ya que tiene que prestar sus servicios en un pueblo perdido en Alaska llamado Cicely durante tres años. El «bene-factor» impulsor de la ayuda, Maurice Minnifield (Barry Cor-bin), un ex astronauta millonario y prepotente, le exige que aterrice en el pueblo sin rechistar y que se dedique a ejercer de médico de cabecera. Joel no puede creer lo que le está pasando. Su vida se hunde. Cicely le parece el infierno o más bien una heladera gigante.

EL PUEBLUCHO

Es inhóspito, está rodeado de montañas y poblado de personajes insólitos: además del ex astronauta, está Maggie O'Connell (Janine Turner), una loca piloto de avión, con quien mantendrá un URST durante varias temporadas (un URST, para los neófitos, es una relación sexual no resuelta, o sea, que sí pero no, amor y odio sin llegar a ninguna conclusión). Encima, la chica es gafe y todos sus novios anteriores se han muerto. Solo hay un bar en todo el pueblo, y pertenece a un gigantón, Holling (John Cullum), y a Shelly (Cynthia Geary), una ex miss que llegó allí de la mano del astronauta, pero cambió de parecer a última hora. A pesar de llevarse cuarenta años, han decidido enamorarse. Él está convencido de que la sobrevivirá, porque todos sus ancestros son centenarios. Es la pareja más sólida de todo el pueblo.

CHICAS QUE SALEN DE CARAVANAS

También hay solo una emisora de radio, la local, a cargo de Chris (John Corbett), y su programa «Chris por la mañana», un pseudo hippy que se dedica a soltar buen rollo cargante y a filosofar. Vive en una caravana y de vez en cuando una chica que está buenísima sale de dentro ¿De dónde las saca?

Y finalmente, el consultorio del doctor Fleischman, también único, aunque su secretaria y ayudante ocasional, Marilyn (Elaine Miles), una india de más de cien quilos, se ha autoasignado el trabajo y da consejos médicos a los pacientes. Además de hacer lo que le da la gana. Sólo le faltan para completar el cuadro otro chico medio nativo, Ed (Darren E. Burrows) criado en el pueblo entre todos, experto en cine, especialista en Bergman, que aspira a ser director de cine, y Ruth-Ann (Peg Phillips), la propietaria de la también única tienda de víveres, biblioteca, club de video y todo lo demás. Joel Fleischman no sabe de dónde han salido, pero ellos creen que Cicely es su lugar en el mundo.

TOCADOS POR LO FANTÁSTICO

Northern Exposure se llamó en español *Doctor en Alaska*, un nombre mucho más prosaico, que dejaba fuera la idea de «estar tocado» por el Norte. La serie rompió moldes en su momento, porque además de contar historias llenas de humanidad, introdujo un elemento fantástico-poético, marcado por la naturaleza y el carácter estrambótico de los personajes.

Northern Exposure transmitía aventura, amor y buen rollo, hacía reír y daba ganas de llorar, además de estar cargada de emoción en muchos momentos. La audiencia la recompensó con su incondicionalidad y fue premiada en múltiples ocasiones. Aun ahora, cuando oyes la música de la carátula, el tema de David Schwartz (el mismo de *Arrested Development* y *Deadwood*) te entran ganas de vivir una aventura en un lugar lejano y exótico, donde el tiempo tenga otro valor y las cosas pequeñas adquieran su justa dimensión.

CURIOSIDADES (COSAS QUE DEBERÍAS SABER SI ERES SERIÓFILO)

El pueblo de Cicely es ficticio, pero está basado en uno existente: Talkeetna, al sur de Alaska.

El famoso bar Brick, con su reno dibujado en la pared, se encuentra en Roslyn, Washington.

Los creadores de *Northern Exposure* participaron también en el equipo que parió *St Elsewhere*, en español emitida como *Hospital San Eligio* y en la televisión autonómica catalana *A Cor Obert*.

En la última temporada Rob Morrow, el actor que interpretaba a Joel, dejó la serie por problemas con el contrato, después de estar un par de temporadas intentando mejorar las condiciones. Fue substituido por la llegada de otro médico al pueblo, Phil Capra, interpretado por Paul Provenza. Se estudió la posibilidad de cambiar sólo el actor y mantener el personaje. Maggie debía decirle: ¡Oh, te has cambiado el peinado y te sienta bien! Por suerte, al final desestimaron la chapuza.

Apta: para los que creen que el mundo no tiene por qué ser tan monótono como lo pintan algunos.
No apta: para los que confunden la acción con las prisas.

FIREFLY

FOX	2002-2003	1 temporada	14 episodios

Creador: Joss Whedon

9 PERSONAS OBSERVANDO LA OSCURIDAD DEL ESPACIO Y VIENDO
9 COSAS DISTINTAS

Firefly es una serie fantástica en todas las acepciones de la palabra y paradójica porque está tan cerca de *La Diligencia* de John Ford, como del Halcón Milenario de George Lucas. La empezó a emitir en septiembre de 2002 la cadena FOX y después de poner en el aire once capítulos, decidieron cancelarla y no porque los productores tuvieran poca vista, que también, sino porque la FOX es un canal ultraconservador y no les gustaba que los protagonistas fueran unos rebeldes perseguidos por el sistema. Solar o no. Bueno, quizá también tuvo que ver la audiencia. En la FOX, *Expediente X* tenía quince millones de espectadores por capítulo y lo añoraban, sobre todo porque *24* sólo estaba haciendo ocho millones y medio, y *Firefly* cuatro millones. Aun así, no lo dudemos, la culpa la tuvo la cadena. Y aquí llega la fantasía, todos los días, canales americanos o europeos prescinden de series por una razón o por otra, básicamente por razones de audiencia, y no pasa nada. Pero esta vez fue diferente. Resulta que la serie tenía fans tan rebeldes como ellos y se enfadaron y con razón. Y como ya existía internet, decidieron inundar la red con sus protestas. La serie era una gozada y ese canal abominable les quitaba el «caramelo», era necesario que el mundo libre lo supiese.

270 | ABARCA, CASAMAYOR, FALGUERA, SARRIAS

No es shiny

Y es que no os podéis imaginar lo que hicieron los programadores de la FOX. Convirtieron un caramelo en un «racamelo» con la intención de que nadie se enganchara. De entrada, pasaron del piloto de hora y media, donde se explicaba quién era quién, y empezaron a emitir desde el segundo capítulo, con lo que hacían desaparecer la guerra y los antecedentes de los personajes principales. La primera en la frente. Por si tuvieran pocas ganas de hundir la serie, después del décimo, pasaron el piloto y el siguiente ya fue el catorze y esto ha sido todo amigos. Tres capítulos se los guardaron sin emitir. Llamarlo como queráis, pero solo tiene un nombre: sabotaje.

Serenity, pero estamos de los nervios

Os lo explicamos, los chinos y los estadounidenses se han unido y han creado una sociedad donde los ricos viven de lujo y los pobres en la miseria. Sin novedad en el frente. Estalla la guerra. Malcolm Reynolds (Nathan Fillion, *Castle*) y Zoë Alleyne (Gina Torres, *Suits*) son del bando pobre y se conocen desde antes la guerra y cuando la pierden, deciden rehacer sus vidas, miran a su alrededor y ven claro que lo único que parece un buen negocio es dedicarse a la chatarrería, aunque después se dedicarán al contrabando o a transportar ganado. Para ello, compran una vieja nave espacial, de la clase *Firefly* y la llaman *Serenity* en recuerdo del valle donde lucharon. El piloto es Wash (Alan Tudyk), que está casado con Zoë, y la experta por no decir maga que mantiene la nave en el aire es Kaylee (Jewei Staite), la mecánica dicharachera. Una casualidad. Del otro tipo de seguridad se encarga Jayne Cobb (Adam Baldwin), un experto en armamento, nada que ver con los hermanos del mismo apellido. Viajan con ellos, un médico, Simon Tam (Sean Maher), que sólo está allí para proteger a su herma-

MARCANDO EL PASO | 271

na River, a la que ha rescatado de las garras del gobierno chino-americano y ha colado en la nave como polizón. También les acompaña un cura, Derrial Book (Ron Glass) con un extraño pasado. Y la última, pero no por ello menos importante, la autónoma, Inara Serra (Morena Baccarin) una prostituta que le alquila una lanzadora a Mal, para recibir o visitar a sus clientes por la recóndita galaxia. El capitán está muy contento, porque da prestigio llevar una meretriz a bordo. Otros tiempos.

Es muy divertido el uso del lenguaje, con muchas palabras chinas por eso de que los imperios se han hermanado y el chino es el idioma de la publicidad o el vocabulario de pelis de vaqueros o de *slangs* de diversas procedencias universales y nunca mejor dicho. Si queréis pasar unas horas más que agradables, no dejéis de verla. Después os acoradaréis de la cadena que dejó de emitirla y os uniréis a los gorros marrones.

Los Browcoats son los soldados renegados en la serie y fuera los fans furiosos que lucharon contra la FOX que consiguieron que emitieran los tres capítulos que faltaban, que la editaran completa en dvd para poder verla en orden (por cierto, fue un superéxito) y por último que la Universal Studios comprara los derechos a la FOX para producir *Serenity*, la película. Acostumbran a llevar unos gorros de lana tejidos por ellos mismos, parecidos a los que lucía en un solo capitulo el guardaespaldas Baldwin. Ahora los vende la FOX en sus tiendas. No los compréis.

Curiosidades (cosas que deberías saber si eres seriófilo)

En la estación espacial, de verdad, hay una copia de la película y de la serie. Todos los astronautas la han visto y la recomiendan.

Zac Efron interpreta al Dr. Tam de pequeño, pero ni canta ni baila.

Los Browncoats han hecho una oenegé llamada «Can't Stop the Serenity». Hacen pases de la serie y de la película y recogen fondos para organizaciones benéficas. Únete.

Apta: para pasárselo bomba y disfrutar con la metralla.
No apta: para los de la FOX.

GIRLS

| HBO | 2012+ | 4 temporadas | 42 episodios |

Creadora: Lena Dunham

En el capítulo piloto, la protagonista, Hannah Hovarth (Lena Dunham), pide dinero a sus padres por enésima vez, algo a lo que ellos se niegan: Hannah tiene que empezar a espabilarse en la vida y conseguir su objetivo, por algo ha viajado desde Michigan a Nueva York, para triunfar como escritora. Entonces, Hanna les dice que ella confía en sus posibilidades, pero que necesita ayuda: «Creo que puedo ser la voz de mi generación. Bueno, por lo menos la voz de una generación». Ese titubeo mezclado con el deseo de ser alguien, de tener una voz, resume las intenciones de *Girls*. Una mezcla de vanidad, orgullo, baja autoestima, vulnerabilidad, desconcierto, autoflagelación y desvergüenza.

APAGAD LOS FOCOS, BARRED LA PURPURINA: *SEXO EN NUEVA YORK* HA MUERTO

Ya no estamos a finales del siglo XX en Manhattan, Nueva York. No brillan los letreros ni los locales de diseño. En la HBO ya han desaparecido Carrie Bradshaw y su séquito. Ahora las protagonistas son un grupo de amigas de veintitantos que viven en Brooklyn con poco dinero, poco trabajo, poco amor, poco de todo. Viven desconcertadas, sin valores inamovibles a los que aferrarse, como peonzas en una gran ciudad. Van y vienen. Son personajes activos y a la vez espectadores perplejos de su propia vida. No hay príncipes azules. Quizá alguna princesa, pero seguro que le gusta el sado. ¿O es un príncipe? Nadie lo sabe. La sexualidad tampoco se define. Todo es pequeño y a la vez trascedental. Porque cuando llega la noche, Hannah (que siempre estará buscando su sitio), tiene ganas de llorar en la cama o bailar o comerse un pastel.

GIRLS, LA COMEDIA MÁS ODIADA... ¿HEMOS DICHO COMEDIA?

Para bien o para mal, *Girls* es Lena Dunham, su creadora, actriz principal, guionista, directora, productora, todo. Ella es el centro absoluto. Y esto es bueno: el sello de la autora se nota en cada historia, cada detalle. Y decimos bueno porque su voz es diferente a lo que se ha hecho en televisión hasta ahora. *Girls* busca la verosimilitud, retrata la crudeza de las relaciones personales, amplifica los ruidos del corazón o de la estupidez, y aunque a veces tenga destellos de ternura y/o romanticismo, Dunham te devuelve a la realidad recogiendo un condón usado del suelo de la habitación. No era amor, era un polvo.

Pero esta declaración de intenciones y su puesta en escena, también provocan todo lo contrario. No gusta que te prometan una comedia y te den una dosis de tristeza, incomodidad, desencanto. Y aquí se abre la veda: también acusan a Dunham de aparecer desnuda en demasiadas escenas, de estar gorda, de racista, uf, ¡de tantas y tantas cosas! Pero a Dunham le es igual. Cuando promociona la serie acostumbra a decir que si odiaste la anterior temporada, aún odiarás más la siguiente. Y no le ha ido tan mal: en 2013 ganó el Globo de Oro a mejor comedia y mejor actriz principal.

ANTERIORMENTE, EN LA VIDA DE LENA DUNHAM...

Mucha gente se sorprendió de que la HBO diera luz verde a Dunham para que desarrollara su propia serie. ¡Solo tenía 25 años! Pero es que dos años antes ya había escrito, dirigido e interpretado una película, *Tiny Furniture*, que recibió una buena acogida en circuitos independientes y le permitió conocer a Judd Appatow, uno de los reyes de la comedia norteamericana y que también se convirtió en productor de *Girls*. Como curiosidad: en *Tiny Furniture*, la hermana y la madre del personaje de Dunham son hermana y madre en la vida real, Grace Dunham y Laurie Simmons respectivamente.

TANTO EGO... ¿Y EL RESTO DEL REPARTO, QUÉ?

Es necesario dejar claro que *Girls* tampoco sería lo mismo sin el grupo de amigas intepretado por actrices jóvenes e hijas de gente famosa: Allison Williams es hija de un conocido presentador de noticias, Brian Williams; el padre de Jemima Kirke fue el batería de Bad Company y Free; y Zosia Mamet es hija del guionista y director David Mamet y la actriz Lindsay Crouse, que también tiene padres, pero que no los conocemos. En la parte masculina (sin vínculos familiares con el mundo artítstico), destacan Adam Driver (cada vez más presente en el cine), Alex Karpovsky y Patrick Wilson, el famoso actor de cine que aparece en un solo capítulo, el quinto de la segunda temporada. Y ya que estamos, volvemos a Lena Dunham, que para eso es su show: sus padres también son reconocidos artistas. Laurie Simmons es fotógrafa y Carroll Dunham, pintor. Si echamos un vistazo a la sexualidad que muestran sus cuadros entenderemos que la exhibición de la desnudez es algo familiar.

CURIOSIDADES SOBRE JESSE PERETZ... ¿PERO QUIÉN ES JESSE PERETZ?

Uno de los habituales directores (y productores) de la serie es Jesse Peretz, en cuyo currículum también figuran *Nurse Jackie* o *New Girl*. Lo particular de Peretz es que sus inicios fueron en el mundo de la música rock. Junto a Evan Dando fundó el grupo alternativo The Lemonheads. Tocaba el bajo y lo dejó después del álbum *It's a Shame About Ray* (que incluía una celebradísima versión rock del clásico «Mrs. Robinson») para dedicarse a la dirección de anuncios, videoclips y series de televisión. Ha dirigido la comedia *Our Idiot Brother*, con Paul Rudd, y también el divertido videoclip de la canción «Learn To Fly» de los Foo Fighters con el que ganó un Grammy.

Apta: para los que busquen comedia realista, dramática, independiente, una especie de variante neoyorkina de Woody Allen del siglo XXI con menos chistes y el mismo nivel de paranoias.

No apta: para fans acérrimos de *Sexo en Nueva York*; aquí no hay glamour ni nada. Los que busquen grandes tramas y giros sorprendentes o se pirren por la comedia romántica.

HIT & MISS

| Sky Atlantic/Direct TV | 2012 | 1 temporada | 6 episodios |

Creador: Paul Abbot

Hit & Miss es una serie inglesa, la primera producción dramática de la cadena Sky Atlantic, que se ha colado en este libro vía su emisión al poco del estreno por el canal norteamericano Direct TV.

Nos gusta *Hit & Miss* porque es el sueño de todo guionista: sentarse delante de un productor y explicarle la serie más original, arriesgada, rara y complicada, y que te digan que adelante.

Y aquí está lo que les dijo Paul Abbot a los productores de Sky Atalantic, que seguro que querían dar la nota: atención lo que sigue es un *spoiler* de los primeros quince minutos del primer capítulo más o menos.

El diálogo:

Paul Abbot: «Quiero hacer una serie protagonizada por una transexual asesina a sueldo que se tiene que hacer cargo de una familia disfuncional, que vive en una casa en medio del campo, y a quien se les ha muerto la madre de un cáncer. Él, en su versión anterior a la nueva «ella», es el padre del primer hijo de esta mujer, aunque no tenía ni idea de su existencia. Además por la casa también correrán dos niños más, uno será una adolescente posiblemente embarazada y unos matones y especuladores que los querrán echar».

El productor, sin inmutarse ni despeinarse, le contestó: «De acuerdo, pero que Chloë Sevigny haga de protagonista».

Y Paul Abbot contestó: «¡Yupi!»

Y se cayó de la silla.

El resultado es una serie radical y original, que mezcla el paisaje idílico del campo, que en realidad no es nada idílico, porque es duro y mezquino, y los encargos de asesina profesional de Mia, que es meticulosa y altamente tecnológica en sus ejecuciones. En sus seis capítulos nos muestra tanto las dificultades de asesinar limpiamente a alguien por encargo, como las aún mayores dificultades de llevar a buen puerto a una familia formada por la hermana pequeña de su ex, Riley (Karla Crome), que intenta ocuparse como puede de los hijos de ésta, Levi (Reece Noi), de una relación posterior, y Ryan (Jorden Bennie), que es el hijo de Mia y Wendy. Son una familia disfuncional que lloran la ausencia de la madre muerta y quieren a Mia para no ser entregados a la los servicios sociales, aunque le tienen manía y no les gusta nada su opción de cambio de sexo.

Ser mamá no es fácil (y ser papá tampoco)

Hay momentos, como le pasa a cualquier mortal cuando se tienen hijos pequeños, que es más relajado ir a trabajar que lidiar con las complicaciones familiares, las reticencias y los problemas inmobiliarios.

Mia, que al principio no tiene tampoco ningún interés en ejercer de madre ni en ocuparse de otros, para algo lleva una vida de persona solitaria y autista, decidirá en un momento dado que ella también quiere dar su opinión sobre las cosas. Pero no se lo van a poner nada fácil (ella qué se ha creído, si abandonó a la madre para desaparecer para siempre). Aunque todos sabemos, que lo que da sentido a la vida, muchas veces es lo que más nos cuesta.

Demasiado atrevida para ser verdad

Aunque consiguió tres nominaciones (una a los Bafta) y que hablaran muy bien de ella, al final y después de muchos rumores (que sí, que no) Sky Atlantic no la renovó, aduciendo que se trataba de un proyecto cerrado en seis capítulos, que es lo que suelen durar las temporadas de la televisión británica en este tipo de series.

Curiosidades (cosas que deberías saber si eres seriófilo)

Paul Abbot és uno de los guionistas más importantes de la televisión británica actual. Tiene una larga carrera, que incluye un tiempo como guionista de la telenovela *Coronation Street*. Su consagración le llegó como creador de *Shameless*, que tiene versión norteamericana. Ahora tiene en pantalla *No Offence*.

Hit & Miss fue creada por Paul Abbot, pero todos los episodios han sido escritos por Sean Conway, que es su socio habitual en algunas producciones.

Chloë Sevigny aparece desnuda en varias escenas luciendo un pene de considerables dimensiones (se supone que el proceso de transformación de sexo aún no ha terminado) y gran incomodidad de colocación. Pero quien no arriesga...

Apta: para los que siempre escogen el helado con el sabor más raro y así son felices.

No apta: para los que creen que la familia es eso con un padre, una madre y un par de hijos o siete, vete tu a saber.

LOUIE

FX	2010+	5 temporadas	69 episodios

Creador: Louis C.K.

Bienvenidos al mejor dramedia estadounidense del siglo XXI, el más original y el más cercano. El premio gordo. Pero no creáis que Louis C.K la acertó a la primera. Antes tuvo que hacer *Lucky Louie* pero no acabó de estallar. El bombazo. Lo más curioso es que las dos tienen los mismos elementos: un protagonista padre de dos niñas, divorciado, que se dedica a los monólogos, como Seinfeld. Las únicas diferencias entre las dos series están en que en *Louie*, lo vemos ejercer su profesión y en que todo se ha vuelto más surrealista.

A OTRA COSA, MARIPOSA

En los últimos tiempos pocas comedias han sido originales y la mayoría solo han modernizado los antiguos formatos. *The Big Bang Theory* es *Friends*, aunque la mayoría han ido a la universidad, *Dos hombres y medio* es *La extraña pareja*, *Modern Family* es como los *Cosby*, pero más liberales... En cambio *Louie* es genuinamente original y está más cerca de la también original Lena Dunham que de todas las anteriores. Porque como ella, Louis C.K. hace lo que le da la gana. Y eso en USA sólo lo pueden hacer Chuck Lorre, J. J. Abraham y dos más. En su caso, no por los muchos éxitos que ha proporcionado a la industria sino por otra razón, aunque también puramente crematística.

COSAS QUE DEBERÍAS SABER SI QUIERES

Louis C.K. fue a ver a los productores de la cadena FX, para ofrecerles una serie que no tenía muy clara, pero eso sí: les exigió un control total sobre el producto. Los productores se rieron, él insistió: «Dejadme hacer un piloto y vosotros no os preocupéis. Yo me encargo de todo». «Pero sólo tenemos 200.000 dólares», dijeron sin que apenas se les escapase la risa. Louie aceptó. Los productores no se lo podían creer: «Sólo 200.000 dólares por un capítulo para emitir». Aunque saliera mal, sólo perderían calderilla. Cuesta lo mismo que dos minutos de *Juego de tronos*.

Pero *Louie* les gustó. Tanto que para el primer capítulo subieron el presupuesto a 250.000 dólares (un 25%). Y después del éxito de la primera temporada y todo el reconocimiento y la lluvia de premios, volvieron a subir el presupuesto: 300.000 dólares por capítulo (un 20%). Menudo morro tienen los de la cadena. Quizá no os estéis preguntando, ¿cómo es posible? Pero os lo vamos a decir. El creador (1 trabajo) Louis C.K, escribe (2), interpreta (3), dirige (4), produce (5) y además edita (6) la mayoría de capítulos en su McBook Pro. Esto sí que es publicidad. Y además de jefe de casting (7) y de hipnotizador (8) para convencer a sus amigos de que trabajen en esas condiciones. Y la mayoría le echa una mano. Estupefacientes nos quedamos.

Pamela Adlon es coproductora y coguionista de la serie y también actriz ocasional. Ha salido en *Lucky Louie* y en *Louie*. Además de hacer de mujer del agente de Duchovny en *Californication*.

Es una de las pocas series que puede compararse a *Entourage* por el número de famosos que aparecen. Hasta David Lynch hace un papel tronchante. Esta es una lista corta: Jerry Seinfeld, Chris Rock, Ricky Gervais (*The Office*, *Extras*), Bob Saget, F. Murray Abraham (el que mató a Mozart), Susan Sarandon, Ellen Burstyn, Robin Williams, Amy Poehler, Parker Posey, Chloë Sevigny, Paul Rudd y todos los cómicos de Nueva York y parte del extranjero y muchos más.

Lo normal en una serie es que un actor haga siempre el mismo personaje, excepto si hay desavenencias con el productor. Pero en *Louie* es diferente. Sólo algunos personajes permanecen inalterables. La mayoría cambian constantemente. Ya ha tenido tres hijas, aunque tiene dos, dos madres, aunque sólo tiene una, etc... Los amigos, como le hacen un favor, hacen cualquier papel. Verbigracia: F. Murray Abraham ha hecho de padre de Louie, de tío de Louie y de un desconocido.

Y a pesar de todo, *Louie* se ha llevado todos los premios habidos y por haber y que nadie dude que se los merece.

Apto: para Disíaco.
No apto: para los que les gusten los formatos.

LUZ DE LUNA
(MOONLIGHTING)

ABC	1985-1989	5 temporadas	66 episodios

Creador: Glenn Gordon Caron

Madelyn Hayes (Cybill Shepherd) es una ex supermodelo que queda en la ruina después de que su contable la estafe. Lo único que le queda son los negocios que mantenía para evadir impuestos. Entre otros, la agencia de detectives City of Angels, que después se llamará Luna Azul, Blue Moon para los que no saben francés, igual que un champú que anunciaba la famosa modelo hace mucho tiempo. Y como muchos todavía la llaman.

El director de la agencia ha estado luchando todos estos años para mantenerla a flote, aunque sin exagerar. Es un detective y sabe por qué está allí. Entonces aparece la modelo y les dice que se acabó la juerga y que ha llegado la época de las vacas de alta costura. El detective David Addison (Bruce Willis) hará cualquier cosa para convencerla de que no cierre y además que trabaje y sea su *partenaire*. Y así empezó la mejor serie de todos los tiempos. La que inventó el URST (con perdón de australianos y asiáticos en general) la famosa tensión sexual no resuelta.

El creador, Glenn Gordon, acababa de triunfar como guionista en *Remington Steele* (Pierce Brosnan) y le pidieron un éxito igual. Él, aficionado como era a las comedias de Howard Hugues, aunque sus actores no supieran quién era, decidió montar una *screwball comedy*: diálogos rápidos y afilados, tensión sexual, un poco de misterio, donde el dramatismo y la comicidad jugaran al mismo nivel.

Luz de luna es el primer dramedia (comedia y drama) que tuvo éxito y abrió camino para los demás. Consiguió lo que nadie más ha vuelto a hacer: ser finalista en el Directors Guild of America, como mejor drama y como mejor comedia en el mismo año, dos veces consecutivas. Fue uno de los primeros en romper la cuarta pared para dirigirse al público, y no sólo para hacer un monólogo al principio, como puede hacer Miranda, u otros, o un chiste teatral del que no se entera su compañero, o un poco de terapia (*Modern Family*), sino para explicar lo que les daba la gana y hacerlo como querían, tanto como actores como personajes, rompiendo convenciones y abriendo nuevos caminos para el lenguaje televisivo.

En un episodio te podías encontrar con que el protagonista estuviera en una tienda de vídeos y rompiera un cartel con la foto de *La Jungla de cristal* y Bruce Willis en primer plano o que al principio de un capítulo, un crítico de televisión de la revista *People* saliera para ponerte al corriente de la trama, porque llevaban muchos días sin emitir por culpa de peleas u otras cuestiones. En aquel tiempo, las temporadas eran de veintidós o veinticuatro capítulos, pero ellos se preocupaban tanto por lo que hacían y Cybill Shepherd era tan diva, que como mucho podían hacer dieciséis o dieciocho por temporada. Eso si no se quedaba embarazada o los contrataban para hacer una película. En la tercera temporada aparecía Peter Bogdanovich y en un momento dado paraba la historia para hablar de su vida y sus amores con Cybill. También Orson Welles participó de la fiesta. En el cuarto capítulo de la segunda temporada aparecía para hacer una introducción sobre lo que iban a ver los espectadores: un capítulo en blanco y negro que levantó ampollas en la cadena. Y todo el mundo los copiaba y los parodiaba: series de televisión, anuncios de Microsoft y de cerveza, hasta *Alvin y las ardillas*. Y para los que no tienen tanta memoria, hace dos días *Veep* volvió a recordarlo.

CURIOSIDADES (COSAS QUE DEBERÍAS SABER SI ERES SERIÓFILO)

Orson Welles murió cinco días antes de emitir el capítulo en el que salía.

Para una secuencia musical del capítulo *Big Man on Mulberry Street* llamaron a Stanley Donen y la dirigió.

Después de ver a dos mil actores, Caron vio la luz con Bruce Willis: «Es la persona adecuada», por fin. Pero el canal no lo quería y el gran Gordon tuvo que pelear. Antes de rodar el piloto, a los dos protagonistas Caron les pasó *Bringing up Baby* y *His Girl Friday*.

Al Jarreau compuso el tema, que hoy en día es un clásico, y lleva el nombre de la serie.

La madre de Mady es Eva Mary Saint, la protagonista de *Con la muerte en los talones (North by Northwest)*. ¿Quién inventaba los títulos españoles?

Aparecieron un montón de famosos, como os podéis imaginar: Tim Robbins, Virginia Madsen, Whoopi Goldberg, Paul Sorvino, Don King, el famoso promotor de boxeo, The Tempations, Ray Charles, Pierce Brosnan, haciendo de Remington Steele y muchos más ¿Hacían falta? No.

Luz de luna se hizo tan famosa que el doblador de Bruce Willis al español, Ramón Langa, se convirtió en actor y modelo publicitario.

> **Apta:** para cualquiera que le guste la tele.
> **No apta:** para mentes estrechas y la familia de Demi Moore.

MAD MEN

| AMC | 2007 - 2015 | 7 temporadas | 92 episodios |

Creador: Mattew Weiner

Un Old Fashioned. O un Manhattan. O un Dry Martini. Otra ronda. Y un Lucky Strike. Otro. Otro cigarrillo. Hasta unos cuarenta se encienden en el primer capítulo de la serie (titulado *Smoke Gets In Your Eyes*, obviamente). Y todos ellos, como las bebidas, consumidos con estilo y elegancia en la cima del mundo, en la avenida Madison de Manhattan, en el emergente mundo de la publicidad contemporánea años antes de la masiva irrupción de la televisión. Así es y así empieza *Mad Men*, una serie con un suave, complejo e hiptnótico ritmo narrativo (elíptico, simbólico, imprevisible) que retrata las agencias de publicidad y la vida urbana de Norteamérica de los años sesenta en Nueva York. ¿Y esto es interesante? Sí, y mucho, porque *Mad Men* nos ofrece una visión de los orígenes de la sociedad de consumo tal y como la conocemos hoy en día. Anuncios, sexismo, alcoholismo, racismo, crisis de identidad, cáncer y tabaco... ¿Acaso hemos cambiado mucho desde entonces?

DON DRAPER, EL HOMBRE

Mad Men se centra en un director creativo, Don Draper (Jon Hamm), que trabaja en una agencia de publicidad ficticia (Sterling Cooper). Vive por y para su trabajo. Es un genio, un vendedor de ideas, de emociones y de ilusiones, alguien a quien le comprarías un coche, una moto y una casa de segunda mano. Don Draper habla con confianza, te mira a los ojos, se pasea apuesto y guapísimo por la oficina mientras bebe y fuma con elegancia, tiene una mujer perfecta con niños perfectos y un césped perfecto, y también tiene amantes, enemigos que lo respetan, coches caros, trajes caros. Todo el mundo lo envidia. Él es la máxima representación del sueño americano. Un hombre humilde, de pueblo, que ha conseguido todo lo que quería en la gran ciudad y que aún ambiciona más. Pero algo no encaja... Hay algo en este hombre que vende tabaco, lencería, coches, algo que zozobra. Se intuye en la famosa cabecera de la serie: un hombre al que se le desmorona la oficina y cae al vacío entre rascacielos y anuncios, un hombre que se precipita al abismo pero que al final está sentado en su sillón, observando no sabemos qué... ¿Su propia vida como un anuncio? ¿Los revolucionarios años sesenta en Estados Unidos (Kennedy, Martin Luther King, Neil Armstrong, The Beatles...)?

LOS OTROS

Pero en *Mad Men* no solo conocemos la historia de Don Draper. También nos enamoramos de Peggy (Elisabeth Moss), la chica que llega a Nueva York con trabajo de secretaria y que lucha por conseguir su sueño de creativa publicitaria. Y nos indignamos con Pete Campbell (Vincent Kartheiser), el ejecutivo sin escrúpulos y arribista que siempre aparenta una sonrisa.

Nos sorprendemos con Roger Sterling (John Slattery), amigo y socio de Draper, mujeriego, vicioso, irónico. Acompañamos a Joan Holloway (Christina Hendricks), la verdadera jefa de la agencia (sin ella, nada funcionaría). Y nos intriga Betty Draper (January Jones), la esposa perfecta atrapada en una casa perfecta con sus hijos de anuncio y a la que le tiemblan las manos. Y otros tantos personajes más que aparecen como piezas estratégicamente colocadas para observar esta sociedad norteamericana opulenta, blanca y alcoholizada, incapaz de asimilar los cambiantes años sesenta.

LOS ANUNCIOS SON MUY BONITOS, PERO ANTES TRABAJARÁS PARA LA MAFIA

En 1999 Weiner ya tenía escrito el primer guión de la serie, pero no interesaba ni a sus agentes (a los que despidió años después, claro). Las televisiones querían comedias, le dijeron. Weiner lo envió a David Chase para llamar la atención de la HBO, pero lo que consiguió fue trabajo en *Los Soprano* (a Chase le encantó su escritura). Así que la serie se quedó en un cajón. No fue hasta el final de Tony Soprano que *Mad Men* inició su andadura (después de unas cuantas negativas más por parte de otras cadenas, HBO incluida). Pero tampoco lo tuvo fácil. Cuando AMC aceptó su proyecto, la cadena quería a Thomas Jane (Hung) de protagonista. Weiner luchó para que fuera Jon Hamm, un completo desconocido. Lo único que lo echaba para atrás era que Hamm fuese demasiado sexy para el papel.

CURIOSIDADES (COSAS QUE DEBERÍAS SABER SI ERES SERIÓFILO)

Jon Hamm ha sido nominado a los premios Emmy en 13 ocasiones (como productor y actor en *Mad Men* o actor invitado en *30 Rock*). No ha ganado nunca. Ah, y buscad sus apariciones en el *Saturday Night Live*, sobre todo la de Sergio: allí saca todo el comediante que lleva dentro.

Más sobre el *cásting:* el hijo de uno de los vecinos de los Draper (Glen Bishop) es hijo de Weiner en la realidad: Marten Holden Weiner.

En el capítulo 60 (temporada 5, octavo capítulo) se utilizó por primera vez una canción original de The Beatles en una serie de televisión: «Tomorrow Never Knows». Pagaron 250.000 dólares.

Apta: los que no quieran una serie masticada u obvia: esto es una serie de culto con mayúsculas. Imprescindible para artistas y/o publicistas.

No apta: los que en las series solo busquen pistas para encontrar al asesino o necesiten una de buenos y malos. Prohibida a alcohólicos y exfumadores.

SEXO EN NUEVA YORK
(SEX AND THE CITY)

| HBO | 1998-2004 | 6 temporadas | 94 episodios |

Creador: Darren Star

Una década después del final de esta mítica serie millones de seguidores aún suspiran recordando algunos de sus momentos más ardientes, románticos o glamourosos. Aunque han intentado copiarla hasta la saciedad, lo cierto es que nadie ha conseguido superar su fórmula exitosa, un cóctel de romanticismo, sexo y moda que hasta ahora solo se había podido ver en las revistas femeninas.

Amiguísimas en Nueva York

Sexo en Nueva York se inspira, al menos en su primera temporada, en un libro de Candace Bushnell que recopila la columna titulada *Sex and the City*, publicada en el *New York Star*. Narra las peripecias amorosas y sexuales de Carrie Bradshaw (Sarah Jessica Parker) y sus tres amigas íntimas: Charlotte York (Kristin Davis), Miranda Hobbes (Cynthia Nixon) y Samantha Jones (Kim Cattrall). Las protagonistas, mujeres solteras, de alto nivel cultural y económico que se hallan entre los 30 y 40 años (excepto Samantha, que se sitúa en la decena siguiente aunque nunca lo admita) y viven en Manhattan, tienen legiones de seguidores en todo el mundo, aunque también han merecido críticas encendidas por parte de sus detractores, que las tachan de petardas, convencionales y de ser pésimo ejemplo para las mujeres que intentan liberarse o huir de los estereotipos. Y es que una serie protagonizada por mujeres pijas que se atreven a hablar de sexo sin tapujos no podía pasar desapercibida.

Críticas aparte, la serie es un canto a la amistad femenina y no rehúye temas espinosos como el aborto, el sida o la homosexualidad. Y todo sin que su protagonista, Sarah Jessica Parker, enseñe una teta a lo largo de sus 94 capítulos, ya que tenía estipulado por contrato que nunca se desnudaría (esa es la respuesta a por qué Carrie es la única mujer que duerme siempre con el sujetador puesto y se despierta con él aunque haya fornicado tres o cuatro veces durante la noche).

Carrie Bradshaw escribe una columna en un periódico de la ciudad en la que reflexiona sobre el amor, las relaciones de pareja y el sexo. Ignoramos lo que le pagan pero parece suficiente como para permitirse un apartamento (de renta antigua, eso sí) en el barrio de moda de Manhattan y todo tipo de lujos, sobre todo ropa de los diseñadores más exclusivos, así como bolsos, zapatos, bares y restaurantes. Todos los capítulos comienzan y acaban con la voz en *off* de Carrie reproduciendo algunas de las reflexiones que plasma en su famosa columna.

A lo largo de las seis temporadas mantiene una relación intermitente con un hombre rico, inmaduro y con miedo al compromiso del que está locamente enamorada y al que Carrie y sus amigas llaman simplemente «Mr. Big» (Chris Noth). Mientras, Charlotte busca al príncipe azul con el que casarse y tener hijos y Miranda un hombre que esté a su altura. Por su parte Samantha, la más liberada sexualmente hablando, no cree en el amor y se dedica a mantener relaciones de aquí te pillo aquí te mato con cualquier hombre guapo que se le ponga a tiro, cuanto más joven, mejor.

LA SERIE MÁS FASHION

Aparte del interés por la temática sentimental y sexual, *Sexo en Nueva York* es un canto a la ciudad de los rascacielos, al pijerío y a la moda, y su protagonista un auténtico símbolo para los *fashion victims*. Todavía hoy existen circuitos en Nueva York donde miles de turistas recorren con el fervor de un vía crucis los lugares más emblemáticos frecuentados por sus estilosas protagonistas: desde la casa donde vive Carrie, las discotecas donde iban de juerga, el bar donde se tomaban sus cosmopolitan, restaurantes de moda y, por supuesto, la zapatería favorita de Carrie, la del diseñador Manolo Blahnik. No existe una campaña publicitaria en el mundo más efectiva para popularizar zapatos de 800 euros que la pasión fetichista que Carrie Bradshaw siente por sus Manolos. Y es que como ella muy bien dice: «Me gusta tener el dinero donde pueda verlo: colgando en mi armario».

CURIOSIDADES (COSAS QUE DEBERÍAS SABER SI ERES SERIÓFILO)

A medida que crecía su popularidad, aumentaba el número y nivel de cameos en la serie. Desde Donald Trump, a Jon Bon Jovi a actores de la talla de Candice Bergen, David Duchovny o Matthew McConaughey han intervenido en algunos de sus capítulos.

Chris Noth, el actor que encarna al enamorado de Carrie, parece haberse especializado en papeles de capullo, ya que después de saltar a la fama por hacer sufrir a la protagonista de *Sexo en Nueva York*, se dedicó a hacer infeliz a otra mujer de bandera, la protagonista de *The Good Wife*.

Existen dos películas posteriores a la serie: *Sexo en Nueva York* (2008) y *Sexo en Nueva York 2* (2010) que recorren las andanzas de las cuatro amigas algunos años después de su apoteósico final. Por si fuera poco existe también una precuela, la serie *The Carrie Diaries*, basada en la novela homónima de Candace Bushnell. Emitida en la CW y estrenada en el 2013 tiene dos únicas temporadas.

> **Apta:** para petardas sin complejos, modernos y admiradores de Nueva York, *fashion victims*, chicas en general.
> **No apta:** para los que creen que los Manolos son un grupo de rumba catalana.

THE WIRE

| HBO | 2002-2008 | 5 temporadas | 60 episodios |

Creador: David Simon

The Wire es la gran crónica de la ciudad contemporánea. Un análisis periodístico y filosófico sobre el compromiso de las personas con la sociedad en la que viven y cómo su actitud ante la ley y las instituciones que la gobiernan, sobre todo cuando forman parte de ellas, definen la ciudad y su convivencia. Creada por un periodista de sucesos y escrita, además de por él, por un policía reconvertido en profesor de instituto, y por varios escritores de novela negra, es una gran obra de arte comprometida con su tiempo.

Un gran detonante

The Wire, «la escucha», empieza con la historia de unos policías que deciden desarticular una banda de narcotraficantes a través de «escuchas» en las cabinas telefónicas que suelen utilizar para llevar a cabo sus contactos. Un punto de partida en clave de *thriller* de acción trepidante, para mostrarnos con lupa cómo funciona el tráfico de drogas en una ciudad: desde el insignificante camello que la vende en la calle, hasta el capo, vestido de empresario inmobiliario, siempre muy cerca del poder político. La «radiografía» del lado oscuro de la ciudad y de las personas que conviven con ella día a día, acaba de comenzar. Decenas de personajes, complejos, poéticos, divertidos, duros, muchos de ellos basados en personajes reales, protagonizan las historias que nos van mostrando las entrañas de Baltimore.

Desmenuzando la sociedad contemporánea

Cada una de las temporadas pone el foco en un tema diferente. La primera, en el tráfico de drogas y la pequeña delincuencia, la segunda en el puerto, el lugar por donde entran todas las mercancías –incluso la droga y las mujeres– , la tercera, en el gobierno y las consecuencias de la corrupción política, la cuarta en la educación y la lucha incansable de los profesores por intentar cambiar algo que hace tiempo que ha perdido el sentido; y la última en el papel de los medios de comunicación en todo este embrollo.

El resultado es un gran fresco, una gran «novela» americana en formato televisivo, con decenas de personajes protagonistas, articulados en torno al departamento de policía y al mundo de la droga y la mafia que impone su ley en la ciudad. Aunque a su alrededor también hay decenas de personajes: políticos, alcaldes, opositores, trabajadores del puerto, presidentes de sindicatos y sobretodo los pequeños camellos, muchos de ellos menores, víctimas del desastre.

Los guiones, cargados de verdad, matices y mucha tensión dramática, consiguen ligar acción y complejidad. Grandes personajes con grandes interpretaciones, los detectives Jimmy McNulty, (Dominic West), Buck (Wendell Pierce) y Kima (Sonja Sohn), su jefe Cédric Daniels (Lance Reddick), la fiscal Rhonda Pearlman (Deirdre Lovejoy), y en la calle, los mafiosos Avon (Wood Harris) y Stringer Bell (Idrissa Akuna «Idris» Elba) u Omar, un renombrado y temido traficante con un código moral muy estricto, interpretado magistralmente por Michael K. Williams, entre muchísimos más pueblan el universo de Baltimore, con más de cincuenta personajes protagonistas a lo largo de las temporadas.

Numerosos figurantes son habitantes de la ciudad, muchos de ellos delincuentes y algunos policías de verdad, que los han detenido varias veces en la vida real.

Una obra maestra.

CURIOSIDADES (COSAS QUE DEBERÍAS SABER SI ERES SERIÓFILO)

El creador de *The Wire* es también creador de *Homicide: life on the street*, una serie de la NBC basada en *Homicide: A year on the Killing Street*, libro que él mismo escribió después de estar un año conviviendo con la policía de Baltimore. Allí conoció al detective Ed Burns, con quien escribió más tarde: *The Corner: A Year in the Life of an Inner-City Neighborhood*. A partir de este libro, se creó la miniserie para la HBO, *The Corner*, considerada una precuela (o serie que precede a...) de *The Wire*. En ella se utilizaba un lenguaje casi documental, mezclando actores con personajes reales y con una cámara que los seguía constantemente. Los protagonistas eran niños que traficaban con drogas en las esquinas de algunos barrios de Baltimore. El éxito y el reconocimiento de *The Corner*, que recibió numerosos premios, entre ellos el Emmy, hizo que la HBO se decidiera a dar luz verde a *The Wire*.

Ed Burns, uno de los creadores, fue durante 20 años miembro del departamento de policía de Baltimore. Después lo dejó para convertirse en profesor de secundaria, al igual que uno de los personajes de la serie.

La música de la cabecera es la canción de Tom Waits «Way Down in the Hole», del álbum *Franks Wild Years* (1987), con diferentes intérpretes y versiones según la temporada. Entre ellos, The Blind Boys of Alabama, el propio Tom Waits, The Neville Brothers, DoMaJe (grupo compuesto por cinco jóvenes de Baltimore) y Steve Earle, que también actuaba en la serie.

Apta: para los que quieren quedarse con la boca abierta.

No apta: para los que prefieren las series de lectura fácil y distracción ligera. *The Wire* es una bomba en toda regla.

LISTAS-RANKING

MUJERES DE ARMAS TOMAR

Alicia Florrick (Julianna Margulies en *The Good Wife*)
Bonnie Plunkett (Allison Janney en *Mom*)
Carrie Mathison (Claire Danes en *Homeland*)
Khaleesi (Emilia Clarke en *Game of Thrones*)
Joan Holloway (Christina Hendricks en *Mad Men*)
Nancy Botwin (Marie Louise Parker en *Weeds*)
Patty Hewes (Glenn Close en *Damages*)
Piper Chapman (Taylor Schilling en *Orange is the New Black*)
Rachel y Janet (Susanne Jones y Lesley Sharp en *Scott & Bailey*)
Sara Linden (Mireille Enos en *The Killing*, o Sophie Gråbøl en *Forbrydelsen*)

TÍTULOS DE CRÉDITO PARA LA HISTORIA

A dos metros bajo tierra
Boss
Carnivàle
Expediente X
Juego de tronos

Justified
Treme
True Blood
True Detective
Twin Peaks

SERIES QUE VINIERON DEL FRÍO

1864
Äkta Människor (Real Humans)
Borgen
Bron/Broen
Dicte
Forbrydelsen (The Killing)
Lilyhammer
Mammon
The Halvt Dolda
Wallander

EURO-VISIÓN

Berlin Alexanderplatz (Alemania)
Braquo (Francia)
Czas honoru (Polonia)
Gomorra (Italia)
Il Commissario Montalbano (Italia)
Klass-Elupärast (Estonia)
Les revenants (Francia)
P'Tit Quinquin (Francia)
Salamander (Bélgica)
Unsere Mütter, unsere Väter (Hijos del tercer Reich)
(Alemania)

SERIES SERIAS PARA LA HORA DEL TE

Black Mirror
Broadchurch
Doctor Who
Happy Valley
Inspector Morse/Inspector Lewis/Endeavour
In the Flesh
Luther

Peaky Blinders
The Wrong Mans
Utopia

SERIES DE RISA PARA LA HORA DEL TE

Bottom (*La pareja basura*)
Coupling
Death in Paradise
Extras
IT Crowd
Miranda
Shameless
The Office
The Worst Week
Vicious

LOS BIGOTES ESTÁN DE MODA

Al Swearengen y Seth Bullock (Ian McShane y Timothy Olyphant en *Deadwood*)
Earl (Jason Lee en *My name is Earl*)
Frank Reagan (Tom Selleck en *Blue Bloods*)
Hercule Poirot (David Suchet en *Poirot*)
Higgins (Jon Hillerman en *Magnum*)
Ned Flanders (*Los Simpson*)
Ron Swanson (Nick Offerman en *Parks and Recreation*)
Rustin Cohle y Raymond Velcoro (Matthew McConaughey y Colin Farrell en *True Detective*)
Sipowicz (Dennis Franz en *Policías de Nueva York*)
Thomas Magnum (Tom Selleck en *Magnum*)

TOP GAY

Alex Vause (Laura Prepon en *Orange is the New Black*)
Cosima Niehaus y Félix Dawkins (Tatiana Maslany y Jordan Gavaris en *Orphan Black*)
Loras Tyrell (Terence "Finn" Jones en *Game of Thrones*)
Mitchell Pritchett y Cameron Tucker (Jesse Tyler Ferguson y Eric Stonestreet en *Modern family*)
Omar Devone Little (Michael K. Williams en *The Wire*)

Owen Cavanaugh (Dallas Roberts en *The Good Wife*)
Salvatore Romano (Bryan Batt en *Mad Men*)
Stanford Blatch (Willie Garson en *Sexo en Nueva York*)
Stefani y Lena Adams (Teri Polo y Cherri Saum en *The Forsters*)
Vito Spatafore (Joseph R. Gannascoli en *Los Soprano*)

CANCELADAS TRAS LA PRIMERA TEMPORADA

Awake

Firefly
Freaks and Geeks
My So-Called Life
Rubicon
Terra Nova
Terriers
The Black Donnellys
The Good Guys
Wonderfalls

RAREZAS QUE DEBERÍAS VER

Bored to Death
Carnivàle
Detectorists
Dirk Gently
Flight of The Conchords
Garfunkel and Oats
Hit & Miss
Life's Too Short
Millenium
Party Down
Portlandia
Rubicon
Wilfred

EN LAS ANTÍPODAS

Old School
Please Like me
Secrets & Lies
The Doctor Blake Mysteries
The Code

The Slap
Top of the Lake
Underbelly
Wentworth
Wilfred

TEMAS PRINCIPALES

A dos metros bajo tierra, de Thomas Newman
Corrupción en Miami, de Jan Hammer
Expediente X, de Mike Snow
Juego de tronos, de Ramin Djawadi
Hawaii Five-O, de Morton Stevens
House of Cards, de Jeff Beal
Magnum, de Mike Post & Peter Carpenter
Los Simpson, de Danny Elfman
The Walking Dead, de Bear McCreary
Twin Peaks, de Angelo Badalamenti

ESTÁN TOCANDO NUESTRA CANCIÓN

«A Beautiful Mine», de RJD2 (*Mad Men*)
«Bad Things», de Jace Everett (*True Blood*)
«Far From Any Road», de The Handsome Family (*True Detective*)
«Red Right Hand», de Nick Cave & The Bad Seeds (*Peaky Blinders*)
«Satan, Your Kingdom Must Come Down», de Robert Plant (*Boss*)
«Way Down in the Hole», de Tom Waits + versiones (*The Wire*)
«When I Am Through With You», The VLA (*Damages*)
«Who Are You», de The Who (*CSI Las Vegas*)
«Woke Up This Morning» (Chosen One Remix), de Alabama 3 (*Los Soprano*)
«You've Got Time», de Regina Spektor (*Orange Is the New Black*)

Lara Malvesí
Sandra S. Lopera

Dime qué te pasa y te diré qué peli ver

Una guía original y divertida
que te hará ver la vida de
otra manera a través de
tus películas favoritas

MA NON TROPPO

Dime qué te pasa y te diré qué peli ver
Lara Malvesí y Sandra S. Lopera

Es fácil asociar una película a un instante vivido, a una persona querida o a una épo
de nuestra vida. Porque el cine, esa fábrica de emociones que se esconde tras una pa
talla, se inserta en nuestra biografía y nos acompaña toda la vida.
Esa ventana abierta donde se deslizan historias con personajes tan diferentes tamb
puede ser un poderoso aliado que nos haga más llevaderas situaciones vitales de to
tipo, una suerte de manual de autoayuda que nos transporta a la idea de que siem
hay una película para cada ocasión y para cada momento. Este divertido y prác
libro te ofrece respuestas frescas y sencillas a situaciones cotidianas en forma de p
culas de todos los tiempos. ¿Qué trozos de ti o de tu vida hay en las películas?

- Si tengo miedo al compromiso…*Desayuno con diamantes.*
- Si tengo una cita con un desconocido…*Cita a ciegas.*
- Si dudo sobre si debo divorciarme…*Historia de lo nuestro.*
- Si estoy en la crisis de los cuarenta…*American Beauty.*
- Si no sé qué hacer con mi vida…*Clerks.*
- Si estoy cansada de la postura del misionero…*Belle de jour.*